Le droit en QCM

Le vocabulaire juridique en QCM

Marie-Hélène MALEVILLE-COSTEDOAT

Maître de conférences à la faculté de droit de Rouen

ellipses

ISBN 978-2-7298-2836-3

www.editions-ellipses.fr

Introduction

La compréhension et la maîtrise des termes juridiques sont des sources de difficultés à divers égards :
- un même terme peut revêtir plusieurs significations juridiques selon la branche de droit qui s'y réfère et selon son origine (loi, doctrine, jurisprudence) ;
- une expression juridique peut avoir un ou plusieurs sens courants, différents voire même déformés par son emploi inadéquat.

Ainsi, le juriste est régulièrement confronté à l'hermétisme et à l'équivoque de la terminologie juridique.

Ces écueils peuvent être évités en respectant, préalablement à toute étude de droit, certaines règles permettant d'acquérir des réflexes méthodologiques et transposables à toute expression inconnue ou mal connue :
- quelle branche du droit utilise l'expression à définir ?
- quel est le sens de cette expression par rapport à l'objectif de la règle à appliquer ?
- quelles sont les conséquences de sa signification sur son régime juridique ?

Ces recommandations générales doivent être complétées par une solide connaissance des principales expressions employées dans le langage juridique ; le présent ouvrage tend à recenser les notions essentielles par des questions à choix multiples permettant de rendre ces notions plus compréhensibles et de les employer à bon escient.

Ainsi, le juriste, qu'il soit étudiant ou praticien, devrait éviter, du moins prévenir les malentendus de terminologie qui sont générateurs de litiges.

Abréviations

C. civ.	Code civil
C. com.	Code de commerce
C. pén.	Code pénal
C. cons.	Code de la consommation

QUESTIONS

Introduction au droit

1. **Parmi les droits suivants, lesquels ont un caractère patrimonial ?**

❏ a. domicile
❏ b. nom
❏ c. droit de propriété
❏ d. droits civiques
❏ e. droit de créance
❏ f. corps humain

2. **Quelle(s) expression(s) peuvent s'appliquer à un juge ?**

❏ a. statuer
❏ b. disposer
❏ c. décider
❏ d. stipuler
❏ e. trancher

3. **Les sources du droit ont un caractère :**

❏ a. judiciaire
❏ b. juridique
❏ c. juridictionnel
❏ d. légal
❏ e. législatif

4. Une loi entrée en vigueur et publiée au *Journal officiel* peut être contraire :

❑ a. aux traités
❑ b. au seul traité établissant l'Union européenne
❑ c. à la doctrine
❑ d. à la jurisprudence

5. L'article 2 du Code civil est ainsi libellé : « La loi ne dispose que pour l'avenir ; elle n'a point d'effet rétroactif ». Ce texte a un caractère :

❑ a. supplétif
❑ b. impératif
❑ c. d'ordre public
❑ d. universel

6. À quelle branche du droit appartient l'article 544 du Code civil qui définit le droit de propriété des personnes ?

❑ a. droit privé
❑ b. droit public
❑ c. droit civil
❑ d. droit des biens

7. Un engagement de volontés qui produit des conséquences juridiques et fait l'objet de sanctions en cas d'inexécution, constitue :

❑ a. un acte juridique
❑ b. un fait juridique
❑ c. un contrat

8. Le même engagement engendre :

❑ a. une obligation naturelle
❑ b. une obligation juridique
❑ c. une obligation morale

9. Quelle est la portée juridique des articles de la Déclaration des droits de l'homme et du citoyen de 1789 ?

❑ a. valeur de recommandation
❑ b. valeur constitutionnelle
❑ c. valeur supérieure aux lois et règlements français
❑ d. valeur supérieure aux règlements et directives communautaires
❑ e. valeur supérieure aux conventions internationales

10. Un code peut se définir comme :

❑ a. l'ensemble des textes relatifs à une branche du droit
❑ b. les seules lois relevant d'une branche du droit
❑ c. une charte des droits et obligations spécifiques à une profession

11. En cas de désaccord entre deux personnes, celle qui prend l'initiative d'exercer une action en justice devant une juridiction est dénommée :

❑ a. défendeur
❑ b. demandeur
❑ c. plaideur
❑ d. défenseur

12. L'ensemble des tribunaux ont le pouvoir de prendre les mesures suivantes :

❑ a. déni de justice
❑ b. jugement
❑ c. arrêt de règlement
❑ d. sanction

13. À partir de quel événement une loi entre-t-elle en vigueur ?

❑ a. son adoption
❑ b. sa promulgation
❑ c. sa publication

14. Pour être liées par un contrat, les parties doivent :

- ❑ a. le conclure
- ❑ b. l'adopter
- ❑ c. signer un écrit

15. Lorsque des partenaires à une opération économique fixent précisément leurs droits et obligations respectifs, quel nom porte l'écrit qu'ils rédigent ?

- ❑ a. un contrat
- ❑ b. un acte unilatéral
- ❑ c. un projet
- ❑ d. une lettre d'intention
- ❑ e. un acte probatoire

16. Un droit patrimonial est un droit qui représente une somme d'argent.

❑ a. vrai ❑ b. faux

17. Un droit extrapatrimonial est un droit réservé à une personne morale de droit public.

❑ a. vrai ❑ b. faux

18. Parmi les droits suivants, quels sont ceux qui ont un caractère patrimonial ?

- ❑ a. droit à l'image
- ❑ b. droit à la marque
- ❑ c. droit de vote
- ❑ d. droit au bail
- ❑ e. droit au respect de la vie privée

19. Parmi les droits suivants, quels sont les droits extrapatrimoniaux ?

- ❑ a. domicile
- ❑ b. autorité parentale
- ❑ c. propriété de valeurs mobilières

20. L'expression « droit positif » vise :

❑ **a.** l'ensemble des prérogatives attribuées à un sujet de droit
❑ **b.** l'ensemble des règles applicables dans un État donné durant une certaine période
❑ **c.** un droit imprescriptible

21. L'expression « droit réel » désigne :

❑ **a.** un droit appartenant à l'État
❑ **b.** un droit portant sur une chose
❑ **c.** un droit actuellement en vigueur

22. Le terme « obligation » fait référence à :

❑ **a.** un fait juridique
❑ **b.** un acte juridique
❑ **c.** un quasi-contrat

23. Les lois et règlements ont :

❑ **a.** un effet immédiat
❑ **b.** un effet rétroactif
❑ **c.** un effet différé à compter de leur publication au *Journal officiel*

24. Le droit commun désigne :

❑ **a.** le droit des personnes en général
❑ **b.** le droit applicable à défaut de texte spécial
❑ **c.** le droit international

25. Lorsqu'un jugement est rendu en première instance, la cour d'appel saisie peut :

❑ **a.** confirmer le jugement
❑ **b.** infirmer le jugement
❑ **c.** rendre un arrêt de rejet
❑ **d.** rendre un arrêt de cassation

26. Une inscription de faux est définie comme :

❏ **a.** une réticence
❏ **b.** une inscription erronée sur un registre
❏ **c.** une procédure complexe visant à établir qu'un acte authentique est un faux
❏ **d.** une falsification de documents comptables

27. Le terme « statut » désigne :

❏ **a.** un contrat de société
❏ **b.** un règlement intérieur
❏ **c.** les règles propres à une institution
❏ **d.** l'état d'une personne

28. Un acte sous seing privé est :

❏ **a.** une contre-lettre
❏ **b.** un acte simulé
❏ **c.** un écrit manuscrit à valeur probatoire

29. Un acte authentique est un acte :

❏ **a.** exclusivement rédigé par un notaire
❏ **b.** conservé sur les registres d'un officier d'état civil
❏ **c.** dressé par un officier public compétent selon certaines formes

30. Une somme d'argent constitue :

❏ **a.** un bien meuble
❏ **b.** un bien immeuble
❏ **c.** une valeur mobilière

31. Un droit incorporel se définit comme :

❏ **a.** un droit qui n'existe pas
❏ **b.** un droit qui n'est pas susceptible d'appropriation
❏ **c.** un droit immatériel

32. Un bien fait partie des biens meubles lorsque :

❏ **a.** il est destiné à garnir une habitation
❏ **b.** il est susceptible de déplacement
❏ **c.** il peut être transformé

33. Un arrêté désigne un texte émanant :

❏ **a.** du Premier ministre
❏ **b.** d'un ministre
❏ **c.** du Parlement
❏ **d.** d'un maire

34. Le droit de propriété recouvre :

❏ **a.** le droit d'usage, de jouissance et de disposition d'un bien
❏ **b.** la possession d'un bien
❏ **c.** tout type de détention

35. Une proposition de loi est un texte élaboré par :

❏ **a.** le Premier ministre
❏ **b.** un député
❏ **c.** un sénateur

36. À quelle date entre en vigueur un règlement ou une loi ?

❏ **a.** à compter de sa promulgation
❏ **b.** le lendemain de sa publication
❏ **c.** à la date prévue par le texte lui-même
❏ **d.** un jour franc après sa publication au *Journal officiel*

37. Les expressions « droits civils » et « droits civiques » peuvent-elles être assimilées ?

❏ **a.** oui ❏ **b.** non

38. La prescription désigne au sens juridique :

❑ a. l'acquisition d'un droit
❑ b. la perte d'un droit
❑ c. la caducité d'un acte

39. Un délai préfix est un délai prescrit.

❑ a. vrai ❑ b. faux

40. Un abus de droit répond à l'une des définitions suivantes ; laquelle ?

❑ a. l'illusion qu'une personne crée à l'égard d'une autre masquant la réalité
❑ b. le fait d'utiliser un droit sans intérêt légitime ou dans l'intention de nuire
❑ c. une violation des lois et règlements impératifs

41. Une incapacité est :

❑ a. une interdiction de droit
❑ b. une impossibilité d'être titulaire ou d'exercer ses droits
❑ c. une incompatibilité

42. Une personne qui cède sa place assise dans un lieu public à une autre en raison de sa santé ou de son âge respecte :

❑ a. une règle de droit
❑ b. une règle morale
❑ c. une obligation naturelle

43. L'ordre public désigne :

❑ a. les ordres émanant d'une autorité publique
❑ b. l'ensemble des règles impératives
❑ c. un état d'urgence justifié par des circonstances exceptionnelles

44. L'ensemble des décisions rendues par les arbitres est appelé :

- ❑ a. sentences arbitrales
- ❑ b. transactions
- ❑ c. « *lex mercatoria* »
- ❑ d. coutumes

45. Une règle de droit est dite supplétive lorsque :

- ❑ a. elle a été forgée par la pratique
- ❑ b. elle peut être écartée par la volonté contraire des parties
- ❑ c. elle figure dans un décret et non dans une loi

46. Un individu qui décide de louer un bien immeuble dont il est propriétaire accomplit :

- ❑ a. un acte conservatoire
- ❑ b. un acte d'administration
- ❑ c. un acte de disposition

47. Un contrat de mariage permet de déterminer le régime matrimonial applicable aux époux.

❑ a. vrai ❑ b. faux

48. Une action estimatoire est une action en justice visant à obtenir :

- ❑ a. une évaluation indicative par un expert
- ❑ b. une estimation de la valeur d'un bien par un commissaire-priseur
- ❑ c. une diminution du prix du bien vendu et atteint d'un vice caché

49. L'action pétitoire est une action qui répond à l'une des définitions suivantes ; laquelle ?

❏ **a.** action réservée au titulaire d'un droit réel immobilier
❏ **b.** action intentée par une association de consommateurs ayant subi un préjudice identique
❏ **c.** action émanant de personnes demandant réparation de leur préjudice sous la forme d'une pétition

50. La tutelle est une mesure de protection appliquée :

❏ **a.** uniquement au mineur
❏ **b.** au mineur et au majeur à certaines conditions
❏ **c.** à une personne incapable déjà placée sous curatelle
❏ **d.** au mineur émancipé

51. Que signifie le principe de légalité ?

❏ **a.** le pouvoir de juger conféré aux juridictions
❏ **b.** le respect des droits de l'homme
❏ **c.** la supériorité des textes parmi les sources du droit français
❏ **d.** l'État de droit

52. Une loi peut être déclarée inconstitutionnelle :

❏ **a.** par le seul Conseil constitutionnel
❏ **b.** par l'ensemble des juridictions françaises
❏ **c.** à tout moment à compter de sa publication
❏ **d.** uniquement avant sa promulgation

53. Le Conseil d'État peut se définir comme :

❏ **a.** un conseil des ministres extraordinaire
❏ **b.** une juridiction d'appel des jugements administratifs
❏ **c.** une réunion de plusieurs chefs d'État

54. Une ordonnance désigne :

❑ a. un règlement
❑ b. une décision émanant de certains tribunaux
❑ c. un texte élaboré par le pouvoir exécutif

55. Une personne physique peut se définir comme :

❑ a. un individu devenu majeur
❑ b. une personne née viable
❑ c. un sujet de droit titulaire de droits subjectifs

56. La loi cesse d'être applicable lorsque :

❑ a. elle fait l'objet d'une abrogation expresse par une loi
❑ b. elle fait l'objet d'une abrogation tacite
❑ c. elle tombe en désuétude
❑ d. le juge décide de l'écarter à plusieurs reprises
❑ e. elle est codifiée

57. Quel le sens exact du terme « traité » ?

❑ a. une convention internationale liant plusieurs États
❑ b. un accord de volontés quelconque
❑ c. un accord de paix
❑ d. un pacte

Droit civil

58. Au sens juridique, un paiement se définit comme :

❏ **a.** le versement d'une somme d'argent
❏ **b.** l'octroi de dommages et intérêts
❏ **c.** l'exécution d'une obligation contractuelle

59. Le terme « acompte » désigne :

❏ **a.** des arrhes
❏ **b.** un dédit
❏ **c.** une fraction du prix payée d'avance et déductible du prix total

60. L'expression « gage » peut être définie comme :

❏ **a.** une sûreté
❏ **b.** un nantissement
❏ **c.** une hypothèque
❏ **d.** l'affectation d'un bien meuble en garantie avec dépossession

61. Lorsque l'une des parties à un contrat a été lésée à la suite de l'inexécution de ses obligations par son cocontractant, elle peut bénéficier :

❏ **a.** d'un dommage
❏ **b.** d'un préjudice
❏ **c.** d'une astreinte
❏ **d.** de dommages et intérêts

62. La convention de Rome du 19 juillet 1980 sur la loi applicable aux obligations contractuelles a été conclue et ratifiée par plusieurs États, notamment la France. En droit français, ce traité entre en vigueur à compter de :

❑ **a.** son adoption
❑ **b.** sa ratification par l'État français
❑ **c.** sa publication au *Journal officiel*
❑ **d.** sa conclusion entre les États signataires

63. L'indivision caractérise l'une des situations suivantes :

❑ **a.** une communauté de biens entre époux
❑ **b.** la détention par plusieurs personnes de droits identiques sur une masse de biens
❑ **c.** une mise en commun d'apports par les membres d'un groupement
❑ **d.** un régime matrimonial

64. Un ayant cause désigne :

❑ **a.** le complice de l'auteur d'une infraction pénale
❑ **b.** une personne responsable d'un dommage quelconque
❑ **c.** un individu détenant des droits d'une autre personne

65. L'émancipation consiste à :

❑ **a.** conférer à un mineur la même capacité qu'un majeur par une certaine procédure
❑ **b.** accorder la qualité de commerçant à un mineur dans certaines circonstances
❑ **c.** placer un enfant mineur dans un établissement spécialisé à la suite d'infractions commises

66. La gestion d'affaires correspond à l'une des situations suivantes :

- ❏ **a.** un quasi-contrat
- ❏ **b.** un contrat portant sur l'accomplissement d'actes juridiques pour le compte d'autrui
- ❏ **c.** un pouvoir donné à une personne de voter au profit d'une autre

67. L'attribution préférentielle est caractérisée par :

- ❏ **a.** un droit de préférence du bénéficiaire
- ❏ **b.** un droit de préemption de celui-ci
- ❏ **c.** un avantage accordé sur la propriété d'un bien

68. La subrogation est une opération qui consiste à :

- ❏ **a.** remplacer un bien ou un individu par un autre
- ❏ **b.** créer un lien de subordination entre deux personnes
- ❏ **c.** opérer une compensation entre une dette et une créance

69. La consignation est un dépôt.

❏ **a.** vrai ❏ **b.** faux

70. Les expressions « droit au bail » et « droit d'usage » sont équivalentes.

❏ **a.** oui ❏ **b.** non

71. La confirmation est :

- ❏ **a.** une opération qui permet de recueillir le consentement des parties à un acte
- ❏ **b.** une opération qui vaut renonciation à se prévaloir d'un droit
- ❏ **c.** l'adhésion à un contrat type

72. La nue-propriété d'un terrain résulte :

❑ **a.** d'un démembrement du droit de propriété
❑ **b.** du seul usage d'un bien
❑ **c.** de l'état d'un bien ayant fait l'objet d'une expropriation pour cause d'utilité publique

73. Le droit de propriété est un droit d'habitation.

❑ **a.** vrai ❑ **b.** faux

74. En droit, les fruits désignent :

❑ **a.** les bénéfices réalisés par un entrepreneur
❑ **b.** les profits générés par les valeurs mobilières
❑ **c.** la production périodique d'un bien

75. L'autorité parentale équivaut :

❑ **a.** au droit de garde des enfants mineurs
❑ **b.** au droit de visite et d'hébergement
❑ **c.** aux obligations des parents envers leurs enfants mineurs

76. Une obligation alimentaire est :

❑ **a.** une pension alimentaire
❑ **b.** une aide matérielle légale due par une personne au profit d'une autre
❑ **c.** un devoir d'entraide entre membres d'une même famille

77. Le PACS (pacte civil de solidarité) est :

❑ **a.** un contrat de concubinage
❑ **b.** une situation de fait équivalant au mariage
❑ **c.** un contrat conclu par deux majeurs célibataires

78. L'état civil désigne :

❑ **a.** la naissance d'une personne
❑ **b.** un acte notarié
❑ **c.** l'identification d'une personne par le biais de données consignées sur un registre

79. Un usucapion est encore appelé « usufruit ».

- ❑ a. vrai
- ❑ b. faux

80. Un testament peut se définir comme :

- ❑ a. une libéralité
- ❑ b. un legs
- ❑ c. une donation
- ❑ d. un acte de disposition des biens du défunt

81. L'expression « divorce » peut se définir comme :

- ❑ a. une séparation de corps
- ❑ b. une cessation de la cohabitation conjugale
- ❑ c. une dissolution judiciaire du mariage

82. Un bien immobilier est grevé d'une hypothèque lorsque :

- ❑ a. il est affecté en garantie d'une créance
- ❑ b. il fait l'objet d'un nantissement
- ❑ c. il est affecté d'une servitude
- ❑ d. il fait l'objet d'une saisie

83. Un événement qui se révèle imprévisible, irrésistible et extérieur, tel qu'une tempête ou une grève, est appelé :

- ❑ a. cas fortuit
- ❑ b. cas de force majeure
- ❑ c. exception

84. Les termes d'astreinte et d'injonction de payer revêtent la même signification.

- ❑ a. vrai
- ❑ b. faux

85. La transaction peut se définir comme :

❑ a. une négociation entre des parties
❑ b. un contrat comportant des concessions réciproques des parties
❑ c. un projet de convention

86. Les termes « avenant » et « amendement » sont synonymes.

❑ a. vrai ❑ b. faux

87. Un contrat nommé est :

❑ a. un contrat impératif
❑ b. un contrat doté d'un régime juridique par la loi
❑ c. un contrat dénommé par les contractants

88. Un contrat cesse de produire ses effets lorsqu'il fait l'objet :

❑ a. d'une rescision
❑ b. d'une annulation
❑ c. d'une résolution
❑ d. d'une inopposabilité

89. Une société immatriculée devient :

❑ a. une entreprise
❑ b. une personne morale
❑ c. une succursale

90. Un warrant désigne :

❑ a. un gage
❑ b. une sûreté réelle avec ou sans dépossession du débiteur
❑ c. une garantie réservée aux contrats internationaux

91. Un contrat de vente est un contrat :

❑ a. portant sur la livraison d'un bien
❑ b. opérant transfert de la propriété du bien
❑ c. supposant le paiement d'un prix

92. Une action en responsabilité délictuelle exercée par la victime d'un dommage à l'encontre de l'auteur du dommage, se prescrit dans un délai de dix ans. Le terme « prescription » est synonyme :

❑ **a.** d'extinction d'un droit
❑ **b.** de renonciation à un droit
❑ **c.** d'exception

93. Un créancier chirographaire est :

❑ **a.** une personne détenant une créance à l'égard d'un débiteur insolvable
❑ **b.** un créancier ordinaire dépourvu de sûreté
❑ **c.** un créancier titulaire d'un droit de préférence

94. Un délai de grâce peut se définir ainsi :

❑ **a.** réduction de peine d'une personne condamnée
❑ **b.** échelonnement de la dette du débiteur par le juge
❑ **c.** remise de dette d'un créancier à son débiteur

95. Un contrat d'entreprise est :

❑ **a.** un contrat conclu par des entrepreneurs exclusivement
❑ **b.** un contrat de prestations de services
❑ **c.** une variété de contrat de travail

96. La répétition de l'indu est :

❑ **a.** une pétition émanant de plusieurs consommateurs
❑ **b.** une action en remboursement d'une somme non due
❑ **c.** une action en responsabilité visant à l'obtention de dommages et intérêts

97. L'expression « enrichissement sans cause » caractérise la situation suivante :

❑ a. une clause léonine
❑ b. une lésion
❑ c. un enrichissement injustifié

98. Une stipulation est une opération qui consiste en :

❑ a. un mandat
❑ b. une représentation
❑ c. une procuration
❑ d. l'acte d'un stipulant comportant l'engagement d'un promettant au profit d'un tiers

99. Une contre-lettre est une lettre de réclamation.

❑ a. vrai ❑ b. faux

100. Le droit de rétention consiste en :

❑ a. un refus de restitution d'un bien pour non-paiement
❑ b. un recel d'une chose
❑ c. un refus de restitution d'un bien prêté

101. Une rente viagère est :

❑ a. un contrat comportant des versements périodiques durant toute la vie d'une personne
❑ b. un capital
❑ c. un bien transmis à un héritier par voie successorale

102. Lorsque des parties signent un pacte de préférence, l'acte est :

❑ a. un pacte commissoire
❑ b. une attribution préférentielle
❑ c. un accord donnant la priorité au bénéficiaire en cas de vente d'un bien

103. La responsabilité est dite solidaire lorsque plusieurs codébiteurs d'une même dette :

- ❏ **a.** conviennent de répartir le paiement de la dette entre eux d'un commun accord
- ❏ **b.** doivent régler tous intégralement le créancier qui bénéficie d'un remboursement supérieur à sa créance
- ❏ **c.** sont tenus chacun de payer au créancier la totalité de la dette, jamais au-delà

104. Une dette est dite « conjointe » lorsque :

- ❏ **a.** elle est due par deux époux mariés
- ❏ **b.** elle est due uniquement par des codébiteurs chacun pour sa part
- ❏ **c.** elle est due solidairement pour la totalité de la somme par tous les codébiteurs

105. Lorsque les parties insèrent une clause attributive de compétence dans leur accord, elles précisent ainsi :

- ❏ **a.** leurs droits et obligations respectifs
- ❏ **b.** la juridiction compétente pour connaître des litiges contractuels, sans respect de l'organisation judiciaire
- ❏ **c.** le tribunal géographiquement compétent conformément à l'organisation juridictionnelle française

106. Une absence est une situation juridique qui correspond :

- ❏ **a.** au délit de fuite d'un ressortissant français
- ❏ **b.** à une incertitude sur la vie ou le décès d'un individu
- ❏ **c.** au défaut de comparution d'un plaideur à l'audience

107. Lorsqu'un créancier met en œuvre l'action oblique, il exerce un droit qui équivaut à :

❑ **a.** la conservation des droits du débiteur négligent
❑ **b.** une action directe
❑ **c.** une action contre une personne présumée responsable d'une autre

108. En droit français, un arrêt de principe peut se définir comme :

❑ **a.** un arrêt de règlement
❑ **b.** un arrêt de portée générale destiné à orienter les futurs jugements
❑ **c.** une source de droit équivalant à un décret

109. Au sens juridique, la cause constitue :

❑ **a.** les raisons d'un procès
❑ **b.** la contrepartie d'une obligation contractuelle
❑ **c.** le fait générateur de responsabilité civile

110. Le terme de franchise fait référence à :

❑ **a.** une réduction
❑ **b.** un contrat de prestations de services
❑ **c.** une obligation de loyauté contractuelle

111. Lorsqu'une personne invoque une « exception d'inexécution », quel objectif poursuit-elle ?

❑ **a.** demander à une juridiction l'octroi de dommages et intérêts au débiteur défaillant
❑ **b.** refuser d'exécuter sa prestation à défaut d'exécution de son cocontractant
❑ **c.** exercer un droit de rétention d'un bien appartenant à l'autre partie

112. Un contrat liant des personnes physiques ou morales est synonyme de :

❑ a. convention
❑ b. pacte
❑ c. entente

113. L'exercice abusif d'un droit est caractérisé lorsqu'une personne :

❑ a. fait preuve d'un comportement fautif
❑ b. adopte une attitude dolosive
❑ c. exerce son droit détourné de sa finalité

114. Un contrat dit « onéreux » est un accord de volontés :

❑ a. comportant nécessairement une contrepartie quelconque
❑ b. obligatoirement assortie d'une contrepartie financière
❑ c. transférant une dette au cocontractant

115. Le tribunal correctionnel et le tribunal de grande instance sont deux juridictions de compétence identique.

❑ a. vrai ❑ b. faux

116. Une tierce opposition désigne :

❑ a. une intervention volontaire
❑ b. une requête conjointe
❑ c. une voie de recours exercée par une personne non partie à l'instance

117. Un acte nul correspond à :

❑ a. un acte forclos
❑ b. un acte périmé
❑ c. un acte inopposable
❑ d. un acte sans effet

118. Le terme de « collusion » est utilisé pour définir :

❑ a. la complicité
❑ b. la solidarité
❑ c. une expression courante, non juridique

119. Une injonction est une mesure judiciaire qui désigne :

❑ a. une comparution
❑ b. une assignation
❑ c. une citation en justice
❑ d. un ordre émanant d'une juridiction

120. Les expressions « stipulation », « prescription », « disposition » désignent :

❑ a. tous les articles d'une loi ou d'un contrat
❑ d. une mesure administrative
❑ c. des situations différentes

121. Une présomption peut se définir comme :

❑ a. un indice utilisé dans le cadre d'une enquête
❑ b. un terme réservé à la recherche de culpabilité d'une personne
❑ c. un mode de preuve admis dans certains cas

122. Les termes de motifs et dispositif sont synonymes.

❑ a. vrai ❑ b. faux

123. Un recours en révision doit être entendu comme :

❑ a. une demande de modification d'une disposition constitutionnelle
❑ b. un recours en annulation
❑ c. un recours pour excès de pouvoir

124. Lorsqu'une personne physique est usufruitière, elle bénéficie d'un usufruit qui consiste en :

- ❑ **a.** un droit d'usage
- ❑ **b.** un droit de jouissance
- ❑ **c.** un droit au bail

125. La capacité d'un individu s'acquiert :

- ❑ **a.** en vertu d'un pouvoir
- ❑ **b.** par le biais d'une procuration
- ❑ **c.** par l'âge de la majorité

126. La technique de la délégation permet à une personne :

- ❑ **a.** de bénéficier de la subrogation
- ❑ **b.** d'agir en tant que prête-nom
- ❑ **c.** de faire régler sa dette à un tiers

127. La qualification vise à classer un fait ou une situation :

- ❑ **a.** dans une catégorie juridique existante
- ❑ **b.** dans la catégorie des actes innommés
- ❑ **c.** dans une institution

128. Un individu est considéré comme un ayant cause à titre particulier lorsqu'il est :

- ❑ **a.** ayant droit
- ❑ **b.** tiers bénéficiaire
- ❑ **c.** bénéficiaire d'une partie du patrimoine de son auteur

129. Une décision de justice qui procède à la reconnaissance d'un droit produit un effet :

- ❑ **a.** constitutif
- ❑ **b.** déclaratif
- ❑ **c.** suspensif
- ❑ **d.** dévolutif

130. Quand l'un des plaideurs soulève l'exception de litispendance, il invoque :

❏ a. la connexité de deux affaires pendantes devant deux juridictions
❏ b. l'incompétence d'une des deux juridictions saisies
❏ c. la saisine de deux juridictions pour un même litige

131. Parmi les héritiers en ligne directe d'une personne défunte, figurent :

❏ a. les descendants
❏ b. le conjoint
❏ c. le collatéral

132. Lorsqu'un plaideur est confronté à un désistement d'instance, quel est le sens donné à cette expression ?

❏ a. caducité
❏ b. péremption d'instance
❏ c. renonciation à l'instance ou à une voie de recours

133. Lorsqu'une personne se voit attribuer un bien dit « fongible », elle détient :

❏ a. un bien frugifère
❏ b. une chose de genre
❏ c. un bien consomptible

134. Quand une décision de justice infirme un jugement, elle procède à :

❏ a. sa réformation
❏ b. sa confirmation
❏ c. sa cassation

135. Un moyen de preuve est considéré comme « irréfragable » lorsqu'il est :

- ❑ **a.** d'ordre public
- ❑ **b.** non susceptible de la preuve contraire
- ❑ **c.** contestable par toute personne

136. L'annonce proposant la vente d'un bien moyennant un prix faite par un particulier dans un journal, est qualifiée en droit de :

- ❑ **a.** offre
- ❑ **b.** pollicitation
- ❑ **c.** lettre d'intention

137. Une partie au procès qui forme une voie de recours d'un jugement devant une cour d'appel est qualifiée de :

- ❑ **a.** appelant
- ❑ **b.** intimée
- ❑ **c.** partie civile

138. Une dette est considérée comme exigible lorsque :

- ❑ **a.** elle n'est pas encore venue à son échéance
- ❑ **b.** elle est assortie d'un délai de grâce
- ❑ **c.** elle est à terme
- ❑ **d.** elle est due immédiatement par le débiteur

Procédure

139. Le ministère public désigne :
- ❏ **a.** l'ensemble des membres du gouvernement
- ❏ **b.** les magistrats du siège
- ❏ **c.** les magistrats du parquet

140. Une assignation est :
- ❏ **a.** une assignation à résidence
- ❏ **b.** une citation en justice
- ❏ **c.** une sommation de payer faite par un huissier

141. Lorsque des plaideurs souhaitent obtenir la protection d'un droit ou d'un intérêt en justice, ils doivent :
- ❏ **a.** déclencher une instance
- ❏ **b.** faire un procès
- ❏ **c.** exercer une action
- ❏ **d.** former un recours

142. Le terme « compétence » fait référence à :
- ❏ **a.** un tribunal
- ❏ **b.** un pouvoir
- ❏ **c.** une juridiction

143. Les tribunaux qui tranchent un différend rendent :
- ❏ **a.** un jugement
- ❏ **b.** un arrêt
- ❏ **c.** une ordonnance
- ❏ **d.** une décision

144. L'inscription au rôle d'une affaire consiste à déterminer la juridiction compétente quant à la nature du litige.

❏ **a.** oui ❏ **b.** non

145. La mise en demeure d'une personne est :

❏ **a.** une mesure qui permet de saisir un juge d'une affaire et d'introduire l'instance

❏ **b.** une mesure qui tend à signaler au débiteur un retard d'exécution

❏ **c.** une élection de domicile permettant de centraliser tous les actes relatifs à une affaire

146. La juridiction de proximité est compétente pour statuer sur :

❏ **a.** les litiges situés géographiquement dans le ressort du domicile du défendeur

❏ **b.** les litiges de mitoyenneté et de copropriété

❏ **c.** les affaires entre particuliers

147. Une fin de non-recevoir a pour effet de :

❏ **a.** constater l'incompétence de la juridiction saisie

❏ **b.** refuser de statuer

❏ **c.** demander l'irrecevabilité d'une action en justice

148. Le juge de la mise en état est compétent pour :

❏ **a.** effectuer la préparation du dossier nécessaire à l'audience

❏ **b.** connaître des affaires concernant l'état des personnes

❏ **c.** procéder à la médiation des affaires familiales

149. L'action publique est une action en justice exercée :

❏ **a.** à l'initiative d'une personne morale de droit public

❏ **b.** par le ministère public

❏ **c.** par une association de personnes victimes d'un même préjudice

150. Le Tribunal des conflits est une juridiction dont la compétence vise à :

- ❑ a. régler les conflits de lois
- ❑ b. trancher les conflits de compétence entre juridictions administratives et judiciaires
- ❑ c. déterminer la loi applicable aux contrats internationaux

151. La procédure est dite « contradictoire » lorsque :

- ❑ a. elle doit veiller au respect des droits de chaque partie
- ❑ b. elle tend à régler un différend entre les parties
- ❑ c. elle présente un caractère contentieux et non gracieux

152. Une sentence arbitrale peut se définir comme :

- ❑ a. une mesure impérative visant exclusivement ses destinataires
- ❑ b. une décision de justice rendue par un tribunal arbitral s'imposant à plusieurs États
- ❑ c. une décision de justice rendue par un juge privé

153. Un jugement avant dire droit est :

- ❑ a. un avis émis dans une affaire par une juridiction et qui ne lie pas les plaideurs
- ❑ b. une décision rendue par un arbitre
- ❑ c. une décision ne statuant pas sur le fond du litige

154. L'expression « cautionnement » désigne :

- ❑ a. une créance
- ❑ b. une garantie
- ❑ c. une dette

155. Lorsque la loi exige la rédaction d'un acte authentique, quel type d'acte est visé ?

❑ **a.** un acte établi selon certaines formes légales

❑ **b.** un écrit émanant d'une autorité administrative à caractère officiel

❑ **c.** l'original d'un écrit rédigé par une ou plusieurs parties

156. Une exception de procédure constitue une irrecevabilité dans un procès.

❑ **a.** vrai ❑ **b.** faux

157. Dans le cadre de la procédure civile, une adjudication est un procédé permettant :

❑ **a.** la liquidation du patrimoine d'une société ayant cessé ses paiements

❑ **b.** la vente aux enchères publiques des biens d'une personne décédée

❑ **c.** la passation de marchés publics

Droit commercial

158. Les termes « société », « entreprise », « succursale » sont synonymes.

❏ **a.** vrai ❏ **b.** faux

159. Un commerçant peut se définir comme une personne :

❏ **a.** qui fait des affaires
❏ **b.** qui est animée d'une intention lucrative
❏ **c.** qui accomplit des actes de commerce à certaines conditions

160. Un fonds de commerce est :

❏ **a.** un local loué par un exploitant quelconque
❏ **b.** un ensemble d'éléments d'attraction d'une clientèle
❏ **c.** un immeuble

161. Une indemnité d'éviction est :

❏ **a.** une somme destinée à compenser le non-renouvellement du bail commercial
❏ **b.** une indemnité versée en cas de réfaction du prix ;
❏ **c.** une somme due par le vendeur garant des vices cachés

162. La notion de « quorum » utilisée dans le cadre d'une assemblée désigne :

❏ **a.** un scrutin
❏ **b.** une majorité de voix nécessaire à l'adoption d'une décision
❏ **c.** un nombre minimal de personnes appelées à délibérer

163. Un effet de commerce désigne :

❑ a. une lettre de change
❑ b. une règle commerciale applicable aux commerçants
❑ c. un titre négociable utilisé par un commerçant

164. Un billet à ordre est un document qui :

❑ a. identifie une somme d'argent
❑ b. constitue un effet de commerce
❑ c. équivaut à un chèque certifié

165. Les termes « société » et « association » sont synonymes.

❑ a. oui ❑ b. non

166. Le fait pour un commerçant d'exploiter une activité en attirant une clientèle constitue :

❑ a. une entreprise
❑ b. une société
❑ c. un fonds de commerce

167. Un entrepreneur qui obtient l'attribution d'un nouveau nom pour les produits qu'il fabrique est titulaire :

❑ a. d'une marque
❑ b. d'un brevet
❑ c. d'une appellation d'origine contrôlée
❑ d. d'un label

168. La contrefaçon est la reproduction illicite :

❑ a. d'une marque
❑ b. d'un brevet
❑ c. d'un logiciel

169. La dénomination sociale est une expression qui vise :

- ❑ **a.** un nom commercial
- ❑ **b.** une enseigne
- ❑ **c.** une marque
- ❑ **d.** une identification de société

170. L'expression « valeurs mobilières » désigne :

- ❑ **a.** le capital mobilier figurant dans le patrimoine d'une personne
- ❑ **b.** les effets de commerce
- ❑ **c.** des titres négociables représentant le capital d'une personne morale

171. Lorsqu'une société constituée pour une durée limitée arrive à son terme, les associés doivent procéder à :

- ❑ **a.** une liquidation
- ❑ **b.** une mise en faillite
- ❑ **c.** un partage
- ❑ **d.** une dissolution

172. Un entrepreneur qui réalise des travaux pour le compte d'un particulier moyennant rémunération est qualifié de :

- ❑ **a.** salarié
- ❑ **b.** entrepreneur
- ❑ **c.** prestataire de services
- ❑ **d.** artisan

173. Une personne morale est un groupement :

- ❑ **a.** dont les statuts ont été soumis à autorisation préalable de l'État
- ❑ **b.** uniquement créé par des personnes physiques
- ❑ **c.** doté des mêmes droits et obligations qu'une personne physique

174. Un établissement de crédit est :

- ❑ **a.** un organisme de garantie des particuliers
- ❑ **b.** une société de bourse
- ❑ **c.** un organisme financier et bancaire défini par le Code monétaire et financier

175. Le redressement judiciaire est :

- ❑ **a.** la procédure de réhabilitation d'un individu condamné à une peine
- ❑ **b.** la procédure de règlement collectif des créanciers
- ❑ **c.** un contrôle judiciaire d'un individu suspecté d'infraction pénale

Droit international

176. Quelles sont les diverses instances de l'Union européenne dans la liste suivante ?

❑ **a.** la Cour internationale de justice
❑ **b.** la Cour de justice des Communautés européennes
❑ **c.** la Cour européenne des droits de l'homme
❑ **d.** la Cour pénale internationale

177. Une organisation non gouvernementale est :

❑ **a.** une association humanitaire formée par plusieurs États
❑ **b.** un groupement à caractère international
❑ **c.** une association de personnes à vocation humanitaire

178. Le Conseil de l'Europe est un organe :

❑ **a.** qui fait partie des instances de l'Union européenne
❑ **b.** qui constitue une organisation spécifique aux États européens dans leur ensemble
❑ **c.** un organe européen de défense des droits de l'homme

179. Un individu apatride désigne un réfugié.

❑ **a.** vrai ❑ **b.** faux

180. Les expressions « compromis » et « clause compromissoire » sont synonymes.

❑ **a.** vrai ❑ **b.** faux

Droit social

181. Les termes de « contrat de travail » et « prestations de services » désignent deux situations identiques.

❑ **a.** vrai ❑ **b.** faux

182. La suspension d'un contrat de travail est :

❑ **a.** un arrêt temporaire d'activité
❑ **b.** une résiliation du contrat
❑ **c.** une disparition du contrat devenu sans objet

183. Une convention collective peut se définir comme :

❑ **a.** un règlement intérieur fixant l'organisation interne d'un groupement
❑ **b.** les statuts d'un syndicat professionnel
❑ **c.** un accord conclu entre l'employeur et les organisations syndicales

184. Un délégué syndical est :

❑ **a.** un membre du comité d'entreprise d'une société
❑ **b.** un salarié d'un syndicat désigné au sein d'une société et chargé de défendre les intérêts des adhérents
❑ **c.** un membre du comité de groupe dans un groupe de sociétés

185. Le licenciement d'un salarié consiste en :

❑ **a.** une rupture pour faute du contrat de travail
❑ **b.** une rupture pour motif économique
❑ **c.** une suspension du contrat de travail

Droit pénal

186. En droit pénal, l'ensemble des infractions est constitué par :
- ❏ **a.** des délits
- ❏ **b.** des peines
- ❏ **c.** des contraventions, délits ou crimes

187. Une contravention se définit comme :
- ❏ **a.** une violation du Code de la route uniquement
- ❏ **b.** le non-respect d'une norme administrative
- ❏ **c.** une infraction punie d'une simple amende

188. La procédure accusatoire consiste à :
- ❏ **a.** imputer la charge de la preuve des prétentions aux plaideurs
- ❏ **b.** réserver la recherche des preuves à la seule compétence des juges
- ❏ **c.** accuser un prévenu et à proposer une sanction

189. Le juge d'instruction est :
- ❏ **a.** un juge exclusivement chargé des affaires militaires
- ❏ **b.** un juge de la mise en état
- ❏ **c.** un magistrat du siège chargé des affaires pénales

190. Une partie civile est un plaideur qui, dans le cadre d'un procès :
- ❏ **a.** demande une réparation civile à la juridiction répressive
- ❏ **b.** est opposé à un plaideur commerçant
- ❏ **c.** demande une réparation de son préjudice devant le juge civil

191. Le terme d'« abus de confiance » fait référence à :

- ❑ a. une soustraction frauduleuse de la chose d'autrui prêtée
- ❑ b. une escroquerie
- ❑ c. un dol

192. Une amende est une contravention.

- ❑ a. oui
- ❑ b. non

193. La banqueroute équivaut :

- ❑ a. au dépôt de bilan
- ❑ b. à la faillite personnelle
- ❑ c. à un délit sanctionnant les actes frauduleux d'un dirigeant de personne morale

Droit public

194. **Un établissement public industriel et commercial est un « service public industriel et commercial ».**

❑ a. oui ❑ b. non

195. **La déconcentration est une opération qui consiste à :**

❑ a. détacher une partie des salariés d'une entreprise
❑ b. confier la gestion de certains services de l'État à des personnes privées
❑ c. répartir les divers services de l'État
❑ d. décentraliser les services publics

196. **La société d'économie mixte d'aménagement de la ville d'Aix a conclu un contrat avec celle-ci ; cette société est :**

❑ a. une personne morale chargée d'une activité en régie
❑ b. une société détenue entièrement par l'État
❑ c. une société constituée par des associés personnes privées et publiques

197. **La Régie autonome des transports parisiens (RATP) peut se définir en droit administratif comme :**

❑ a. une régie
❑ b. un établissement public
❑ c. une société privée de transports

198. Un service public à caractère industriel et commercial est un service :

- ❑ a. entièrement exploité et géré par l'État
- ❑ b. entièrement délégué par l'État aux régions
- ❑ c. exploité selon les règles de droit privé

199. Le fait du prince constitue en droit administratif :

- ❑ a. une voie de fait
- ❑ b. un cas de force majeure
- ❑ c. une prérogative de puissance publique

200. Un marché public est :

- ❑ a. un marché à forfait
- ❑ b. un contrat administratif
- ❑ c. une transaction conclue par une personne publique et une personne privée

RÉPONSES

Introduction au droit

1.

c. **droit de propriété**
e. **droit de créance**

Le droit de propriété et le droit de créance constituent des droits patrimoniaux.

En revanche, le nom, le domicile, les droits civiques et le corps humain sont des droits extrapatrimoniaux.

La distinction repose sur la notion de patrimoine désignant l'ensemble des droits et obligations appartenant aux personnes morales et physiques titulaires de droits subjectifs.

Les droits patrimoniaux sont susceptibles d'évaluation pécuniaire et, par conséquent, cessibles, saisissables et prescriptibles.

À l'inverse, les droits extrapatrimoniaux ne peuvent pas faire l'objet d'une évaluation pécuniaire et sont donc incessibles, insaisissables et imprescriptibles.

2.

a. **statuer**
e. **trancher**

Chacun de ces verbes correspond à un type de compétence et à une situation juridique précise. Le juge (étatique) et l'arbitre (juge privé) sont chargés de trancher les différends et leur décision s'impose aux parties au litige.

Les parties liées à un contrat, appelées contractants, stipulent au moyen de clauses et précisent ainsi leurs droits et obligations respectifs.

Enfin, le législateur élabore des lois qui disposent, énoncent, prescrivent, édictent des règles.

3.

b. juridique

Ces termes sont souvent confondus par déformation du langage courant mais visent des situations distinctes.

Les sources du droit ont un caractère juridique car elles présentent un rapport avec le droit en général. Le terme « judiciaire » est relatif à la justice et à son administration.

Le qualificatif « juridictionnel » se réfère aux juridictions ou tribunaux chargés de trancher les litiges.

L'adjectif « légal » désigne les situations en relation avec la loi. Enfin, le caractère législatif est réservé à l'organe compétent pour adopter les lois : le Parlement constitué par l'Assemblée nationale et le Sénat.

4.

c. à la doctrine
d. à la jurisprudence

Selon la hiérarchie des sources du droit, une loi française doit respecter les normes qui lui sont supérieures, notamment les différents traités, internationaux et communautaires et la Constitution française.

Elle peut, en revanche, être contraire aux écrits des auteurs (doctrine) ainsi qu'aux décisions de justice et sentences arbitrales (jurisprudence) ayant une autorité juridique inférieure à elle.

5.

b. impératif

c. d'ordre public

Un texte impératif ou d'ordre public s'impose aux particuliers et aux juges, sans dérogation possible. Tel est le cas de l'article 2 du Code civil qui emploie des termes formels et indiscutables (« ne ... que »).

Un texte est dit supplétif lorsque les parties peuvent y déroger par une clause expresse de leur contrat.

Enfin, une règle est considérée comme universelle lorsqu'elle est reconnue par la plupart des systèmes juridiques étrangers.

6.

d. droit des biens

Les diverses branches du droit se subdivisent en deux catégories : le droit privé et le droit public.

L'article 544 du Code civil fait partie du droit des biens, applicable à l'ensemble des individus. Le droit privé englobe le droit civil et le droit des biens.

Le droit public regroupe l'ensemble des règles applicables aux pouvoirs publics et aux personnes publiques.

7.

a. acte juridique

C'est un acte juridique, c'est-à-dire un acte voulu par son auteur et destiné à produire des effets de droit. Il peut émaner d'une volonté unilatérale ou d'un accord de deux ou plusieurs volontés ; dans le second cas, il est appelé contrat.

Un fait juridique est une situation de fait qui produit des effets juridiques non voulus par son ou ses auteurs (par exemple, un accident).

8.

b. obligation juridique

L'obligation juridique est une obligation dont l'inexécution, l'exécution partielle ou défectueuse fait l'objet d'une sanction édictée par la règle de droit, par exemple le versement d'une obligation alimentaire entre ascendants et descendants à certaines conditions.

L'obligation dite « naturelle » est une contrainte dictée par la morale ou la religion ou l'éducation de son auteur mais qui n'est pas sanctionnée par la règle de droit en cas d'inexécution (par exemple, aide financière accordée à un ami ; règle de courtoisie envers une personne âgée).

9.

b. valeur constitutionnelle
c. valeur supérieure aux lois et règlements français

Tous les articles de la Déclaration des droits de l'homme et du citoyen ont une valeur constitutionnelle et sont donc supérieurs aux lois et règlements nationaux car la Déclaration fait partie du « bloc constitutionnel » regroupant la Constitution de 1958 et le préambule de la Constitution de 1946.

La Déclaration doit toutefois respecter les textes communautaires et les conventions internationales qui ont une valeur juridique supérieure aux normes nationales.

10.

a. ensemble des textes relatifs à une branche du droit

Un code est un recueil de textes écrits (lois, décrets, arrêts) régissant une matière (par exemple Code de commerce, Code civil).

Une charte est un ensemble de pratiques professionnelles élaborées par une profession donnée.

11.

b. demandeur

c. plaideur

L'auteur d'une action en justice est le demandeur qui invoque la reconnaissance d'un droit ; et son adversaire appelé défendeur doit pouvoir exposer ses prétentions afin d'obtenir le rejet des griefs formulés par son adversaire.

Les deux parties au procès ont la qualité de plaideur.

Le défenseur est généralement un auxiliaire de justice chargé d'assurer la défense d'un plaideur.

12.

b. jugement

d. sanction

Les juridictions de l'ordre judiciaire et administratif rendent des décisions de justice appelées jugement ou arrêt. Le jugement est rendu par une juridiction de première instance et l'arrêt émane d'une cour (cours d'appel et Cour de cassation) ou du Conseil d'État.

Selon la nature de la mesure prononcée, une décision de justice peut renfermer une sanction à l'encontre de la partie perdante, par exemple une condamnation civile à une réparation en nature ou par équivalent (dommages-intérêts), ou encore une condamnation pénale en cas d'infraction constatée (peine d'amende et/ou emprisonnement).

Il est interdit aux juridictions de rendre des arrêts de règlements en se prononçant par voie de dispositions générales et réglementaires destinées à s'appliquer à toutes les situations similaires, comme la loi ou le règlement (Art. 5 C. civ.).

Aucun tribunal ne peut enfin commettre de déni de justice, c'est-à-dire refuser de statuer sur une affaire sous prétexte du silence, de l'obscurité ou de l'insuffisance de la loi (art. 4 C. civ. ; par exemple, insuffisance de preuve, contrat litigieux illisible...).

13.

a. **son adoption**
b. **sa promulgation**
c. **sa publication**

Une loi est votée, adoptée, promulguée et enfin publiée au *Journal officiel*. Ce processus d'élaboration de la loi ne doit pas être confondu avec l'entrée en vigueur de celle-ci.

La loi est votée à l'issue de discussions entre le Sénat et l'Assemblée nationale et est adoptée après accord des deux assemblés sur la totalité de ses articles ; ensuite, elle est promulguée par un décret du Président de la République attestant de son vote et ordonnant son respect par les autorités publiques ; sa promulgation et sa publication au *Journal officiel* permettent alors à la loi d'entrer en vigueur.

14.

a. **le conclure**

Un contrat acquiert force obligatoire à l'égard des parties lorsque celles-ci procèdent à sa conclusion et échangent leur consentement. Le verbe adopter est plutôt réservé à l'élaboration d'une loi.

La conclusion d'un contrat n'est pas toujours suivie de la signature d'un écrit ; en effet, selon le principe du consensualisme, les conventions n'exigent aucun formalisme, excepté pour certains contrats dits « solennels » ; toutefois, en pratique, les contrats sont matérialisés par un écrit rédigé par les parties soucieuses de préconstituer une preuve de l'accord en cas de difficultés d'exécution.

15.

a. un contrat

Les partenaires concluent un contrat ou convention qui matérialise leur accord de volontés, leur engagement réciproque ; ils souscrivent des droits et obligations fermes. L'acte unilatéral comporte un engagement juridique mais à l'égard d'une seule personne.

Le projet et la lettre d'intention n'engagent pas, en principe, son ou ses auteurs, sous réserve de son contenu. La lettre d'intention renferme une déclaration d'intention d'une personne envers une autre (par exemple, une société mère atteste du sérieux de sa filiale).

Si les partenaires ne parviennent pas à s'accorder sur des engagements précis à l'issue des négociations, ils rédigent un simple projet constatant leur rapprochement.

Un acte probatoire est un écrit établi à titre de preuve ; c'est le cas de la plupart des documents constatant un contrat sans fixer des droits et obligations précis permettant aux contractants de préconstituer la preuve de leurs engagements.

16.

a. vrai

Un droit patrimonial est un droit susceptible d'évaluation pécuniaire qui fait partie du patrimoine d'une personne physique ou morale. Toutefois, il n'est pas systématiquement matérialisé par une somme d'argent mais peut toujours être évalué sous cette forme, par exemple un immeuble.

17.

b. faux

Un droit extrapatrimonial n'est pas réservé à une personne morale publique. Il se définit comme un droit susceptible d'évaluation pécuniaire parce qu'il est strictement attaché à la personne et ne fait donc pas partie du patrimoine de celle-ci. Il ne peut être ni cédé, ni saisi, ni transmis.

18.

b. droit à la marque
d. droit au bail

Le droit à la marque et le droit au bail constituent des droits patrimoniaux parce qu'ils font partie du patrimoine d'une personne, physique ou morale. Ils sont, en outre, susceptibles d'évaluation pécuniaire, cessibles, saisissables et prescriptibles.

Les autres droits sont dits extrapatrimoniaux car ils sont attachés à la personne et ne peuvent donc pas être évalués en argent ; ils ne peuvent davantage être ni cédés ni saisis.

19.

a. domicile
b. autorité parentale

Seul le propriétaire de valeurs mobilières (actions, obligations) dispose d'un droit patrimonial monnayable et cessible ; l'autorité parentale et le domicile sont intimement liés à la personne et font donc partie des droits extrapatrimoniaux, qui ne peuvent être ni saisis, ni cédés, ni prescrits.

20.

b. ensemble des règles applicables dans un État donné durant une certaine période

Le droit positif désigne les droits effectivement en vigueur à un moment précis sur un territoire donné. Un droit imprescriptible ne s'éteint jamais, par exemple, le droit au respect de la vie privée.

21.

b. un droit portant sur une chose

Un « droit réel » est un droit qui s'exerce directement sur une chose et confère à une personne un pouvoir direct et immédiat sur celle-ci. Il crée une relation entre une personne titulaire d'un droit et celui-ci.

Le droit en vigueur à une époque donnée est appelé « droit positif ».

22.

a. un fait juridique
b. un acte juridique
c. un quasi-contrat

Les trois réponses sont exactes puisqu'en droit, l'obligation peut résulter d'un fait juridique, d'un acte juridique ou d'un quasi-contrat.

Le fait juridique est un fait volontaire qui produit des effets juridiques non voulus par les parties ; tel est le cas d'un accident de la circulation qui oblige son auteur à réparer le préjudice subi par la victime.

L'acte juridique est une manifestation de volontés destinée à produire des effets juridiques.

Enfin, le quasi-contrat naît d'un fait volontaire dont les conséquences juridiques n'ont pas été voulues ; il en existe trois : paiement de l'indû, enrichissement sans cause et gestion d'affaires.

Par exemple, la gestion d'affaires peut naître de l'intervention d'une personne en vue de réparer une fuite d'eau dans l'appartement de son voisin absent.

23.

a. un effet immédiat

Les lois et règlements sont dits d'application immédiate : ils sont applicables à compter de leur entrée en vigueur jusqu'à leur abrogation et régissent les faits et actes nés après leur entrée en vigueur et les situations juridiques nées avant leur entrée en vigueur mais produisant encore des conséquences.

Les lois et règlements ne sont jamais rétroactifs et ne s'appliquent donc pas aux situations juridiques définitivement acquises avant leur entrée en vigueur.

La rétroactivité d'un texte est exceptionnelle et suppose une affirmation expresse de son auteur. Toutefois, sont rétroactives les lois pénales plus douces.

24.

b. le droit applicable à défaut d'un texte spécial

Le droit commun est applicable à défaut de texte spécial. Par exemple, la vente commerciale est soumise à des règles spécifiques et, dans le silence des textes, au droit commun des obligations, notamment aux conditions générales de validité des contrats.

Le droit des personnes et le droit international constituent des branches du droit spécifiques ; le droit des personnes organise les relations privées entre les individus ; le droit international régit les relations internationales entre personnes privées et publiques.

25.

a. confirmer le jugement
b. infirmer le jugement

La cour d'appel qui est saisie de l'affaire jugée en premier ressort, peut confirmer le jugement lorsqu'elle estime fondée la décision critiquée. En revanche, elle doit infirmer ce jugement si elle désapprouve les motifs et le dispositif retenu par les premiers juges.

Seule la Cour de cassation, juge du droit, rend des arrêts de rejet et des arrêts de cassation. Elle rejette le pourvoi critiquant l'arrêt d'appel lorsqu'elle estime fondée en droit la motivation de la cour d'appel ; et elle met ainsi fin définitivement au litige.

Elle rend un arrêt de cassation par lequel elle « casse et annule » l'arrêt d'appel en cas de violation ou mauvaise interprétation de la loi, défaut de motifs, notamment ; l'affaire est alors renvoyée devant une autre cour d'appel qui statuera à nouveau sur le fond.

26.

c. une procédure complexe visant à établir qu'un acte authentique est faux

---

La procédure d'« inscription de faux » est une formalité qui permet à une partie de contester le caractère probatoire d'un acte authentique établi par un officier public. Sa mise en œuvre est complexe et souvent vouée à l'échec en raison de la quasi-infaillibilité des actes authentiques.

Un faux en écriture est un délit pénal consistant à modifier frauduleusement un acte (effet de commerce, document comptable).

27.

c. les règles propres à une institution

d. l'état d'une personne

Le terme « statut » est une expression générique désignant une catégorie juridique de rattachement des personnes à une institution, par exemple le mariage, la famille.

Employés au pluriel, les statuts d'une personne morale désignent le contrat conclu entre les membres de celles-ci et détermine l'objet et le fonctionnement du groupement (société, association...).

28.

c. un écrit manuscrit à valeur probatoire

Un acte sous seing privé est un écrit établi à titre de preuve qui doit renfermer la date de l'acte et la signature des parties.

Les expressions de contre-lettre et d'acte simulé sont employées dans le cadre d'une opération de simulation ; la simulation désigne la situation dans laquelle les parties masquent leur volonté réelle figurant dans la « contre-lettre » par un autre écrit appelé acte simulé ou acte apparent.

29.

c. dressé par un officier public compétent selon certaines formes

Un acte authentique est un acte établi par un officier public compétent (notaire) selon les formes légales requises et attestant de l'authenticité de son contenu.

30.

a. un bien meuble

L'argent est classé dans la catégorie des biens meubles susceptibles d'être déplacés ; les meubles s'opposent aux immeubles énumérés limitativement par le Code civil, qui sont fixes et ne sont pas susceptibles de déplacement.

31.

c. un droit immatériel

Un droit incorporel est un droit qui a une existence réelle mais qui ne peut pas être matérialisé physiquement, par exemple, un droit de créance. Il se distingue des droits non susceptibles d'appropriation (appelés « *res nullius* »).

32.

b. il est susceptible de déplacement

Un bien meuble ou chose mobilière est juridiquement susceptible de déplacement à la différence des biens immeubles qui sont fixes.

Les meubles sont en nombre illimité car tout ce qui n'est pas immeuble énuméré limitativement par le Code civil, est considéré comme bien meuble (par exemple, brevet ou marque).

Les biens garnissant une habitation appartiennent à la catégorie des biens meubles et sont qualifiés de « meubles meublants ».

Un bien meuble peut naturellement être transformé.

33.

b. d'un ministre

d. d'un maire

Un arrêté est un texte de portée générale à valeur réglementaire émanant des ministres, préfets et maires. Les arrêtés ont une valeur juridique inférieure au décret et *a fortiori*, à la loi votée par le Parlement.

34.

a. le droit d'usage, de jouissance et de disposition d'un bien

Le droit de propriété est un droit réel sur une chose conférant un pouvoir direct et absolu à son titulaire ; il est défini par l'article 544 du Code civil comme le droit d'user, de jouir (utilisation) et de disposer d'un bien (aliénation).

Dans le langage courant, on assimile à tort la possession, la propriété et la détention d'un bien. Seule l'appartenance n'a pas de signification juridique particulière. En droit, la possession est un état de fait caractérisé à la fois par la détention d'un bien et l'intention d'en devenir propriétaire.

35.

b. un député

c. un sénateur

C'est un acte préparatoire à la loi.

Lorsque l'initiative du texte provient des députés ou des sénateurs (Parlement), c'est une proposition de loi.

Lorsque ce texte émane du Premier ministre après avis du Conseil d'État et délibération en Conseil des ministres, il constitue un projet de loi.

36.

d. un jour franc après sa publication au *Journal officiel*

Comme le règlement, la loi entre en vigueur un jour franc à compter de sa publication au *Journal officiel*. Toutefois, si le législateur indique une date précise pour en fixer l'entrée en vigueur, il convient de retenir cette date.

En tout état de cause, sa promulgation ne suffit pas ; en effet, la promulgation est l'acte par lequel le chef de l'État atteste l'existence de la loi et donne l'ordre aux autorités publiques d'observer et de faire observer la loi.

37.

b. non

Les droits civils et les droits civiques ne peuvent pas être assimilés. En effet, le droit civil est une branche du droit privé régissant les relations des personnes privées entre elles. Et les droits civiques regroupent l'ensemble des droits fondamentaux des individus considérés comme des citoyens (liberté de la personne, protection de l'État...).

38.

a. l'acquisition d'un droit
b. la perte d'un droit

La prescription est une situation acquise ou perdue par l'écoulement du temps et entraînant des conséquences juridiques ; elle permet l'acquisition d'un droit ou l'extinction d'un droit.

À la différence de la caducité, elle affecte un acte qui est valable mais qui est privé d'effet par l'intervention d'un acte ultérieur.

39.

b. faux

Un délai préfix est un délai qui ne peut être interrompu ou suspendu par l'écoulement du temps.

En revanche, un délai prescrit est un délai interrompu par l'expiration d'un temps donné.

40.

b. le fait d'utiliser un droit sans intention légitime ou dans l'intention de nuire

La théorie de l'abus de droit ne fait l'objet d'aucun texte et a été élaborée par les juges. Commet un abus de droit une personne titulaire d'un droit qui utilise son droit en dehors de sa finalité sociale ou dans l'intention de nuire. Son auteur engage sa responsabilité civile et doit verser des dommages et intérêts destinés à réparer le préjudice subi par la victime de l'abus. L'illusion créée par un individu en vue de masquer la réalité est appelée « apparence ».

41.

b. une impossibilité d'être titulaire ou d'exercer ses droits

Une incapacité est l'impossibilité pour une personne de jouir de ses droits (incapacité de jouissance) ou de les exercer (incapacité d'exercice). L'incapacité d'exercice atteint le mineur non émancipé qui n'acquiert la capacité entière qu'à la majorité, soit 18 ans. Elle vise à protéger l'incapable qui peut demander la réduction de ses engagements ou leur rescision à certaines conditions.

En revanche, l'incompatibilité interdit l'exercice d'une profession par certains professionnels pour des raisons de moralité ; tel est le cas notamment des officiers ministériels, fonctionnaires qui ne peuvent pas être commerçants. En cas de violation de l'incompatibilité, son auteur se voit appliquer les obligations du droit commercial sans pouvoir bénéficier des droits du commerçant.

42.

b. une règle morale

c. une obligation naturelle

Une telle obligation ne fait pas l'objet de sanction juridique et ne constitue donc pas une règle de droit. Elle peut être qualifiée d'obligation naturelle, ou de règle morale qu'une personne s'impose par sa conscience ; c'est une « obligation naturelle ».

43.

b. l'ensemble des règles impératives

L'ordre public regroupe l'ensemble des règles impératives dictées par un intérêt supérieur aux intérêts individuels (économie et finances de la nation, santé, sécurité...).

44.

a. sentences arbitrales

Les arbitres rendent des décisions appelées sentences arbitrales qui forment la jurisprudence arbitrale ou « *lex mercatoria* ».

Une sentence se distingue d'une transaction qui est un contrat écrit par lequel les parties consentent à des concessions réciproques visant à prévenir une contestation à naître ou à mettre fin à une contestation née.

Les coutumes ou usages rassemblent des règles de droit non écrites qui acquièrent leur valeur juridique par la répétition et la confiance légitime des individus.

45.

b. elle peut être écartée par la volonté contraire des parties

À la différence des textes impératifs ou d'ordre public, une règle est dite supplétive lorsque les individus peuvent y déroger, c'est-à-dire l'écarter, contrairement aux règles impératives ou d'ordre public.

Le caractère supplétif ou impératif d'un texte est déterminé soit expressément par son auteur, soit déduit par les juges des termes employés par ce texte.

46.

b. un acte d'administration

La location d'un immeuble par son propriétaire est un acte d'administration, c'est-à-dire un acte courant de gestion du patrimoine qui ne dévalorise pas le bien.

La location se distingue de l'acte conservatoire qui vise à préserver un bien de sa disparition ou de sa destruction. Enfin, l'acte de disposition modifie le bien de manière substantielle (par exemple, la vente du bien).

47.

b. faux

Le contrat de mariage est une convention passée devant notaire par les époux en vue de répartir leurs droits et obligations sur les biens acquis avant et durant le mariage.

Le régime matrimonial concerne uniquement les rapports pécuniaires et la répartition des pouvoirs des époux sur les biens détenus avant le mariage et acquis pendant leur union.

48.

c. une diminution du prix du bien vendu et atteint d'un vice caché

L'action estimatoire est l'action réservée à l'acquéreur d'une chose atteint d'un vice caché et qui lui permet d'exiger une diminution du prix de la vente. L'acheteur peut préférer exercer l'action rédhibitoire qui conduit à l'annulation de l'accord.

49.

a. action réservée au titulaire d'un droit réel immobilier

L'action pétitoire est exercée par le seul titulaire d'un droit réel immobilier en vue d'assurer la défense de ses droits.

Les associations de consommateurs ayant pour but de défendre les intérêts d'une catégorie de consommateurs peuvent exercer, à certaines conditions, une action en justice au nom de leurs adhérents lorsque plusieurs d'entre eux ont subi un préjudice identique collectif (Art. L 421-6 et 422 du Code de la consommation).

50.

b. au mineur et au majeur à certaines conditions

La tutelle est une mesure applicable au mineur et, dans certains cas, au majeur.

Le majeur est placé sous tutelle lorsque ses facultés mentales ou physiques sont considérées comme altérées à l'issue d'une certaine procédure.

La curatelle est une autre mesure de protection des majeurs atteints d'une altération moindre des facultés mentales ou physiques.

Le mineur est sous tutelle jusqu'à l'acquisition de la majorité à 18 ans et le tuteur est chargé d'accomplir les actes au nom et pour le compte de celui-ci.

Enfin, le mineur émancipé est ainsi qualifié lorsqu'un acte d'émancipation lui a conféré, par une procédure spéciale, la même capacité et les mêmes droits et obligations qu'un individu majeur, à l'exception de la qualité de commerçant.

51.

c. la supériorité des textes parmi les sources du droit français

Le principe de légalité établit une hiérarchie des sources du droit français en fonction de leur origine. Ainsi, selon une valeur juridique décroissante, figurent les sources internationales (traités), les textes nationaux, la Constitution, les lois, décrets et ordonnances, la jurisprudence, les usages et la doctrine.

52.

a. par le seul Conseil constitutionnel

Seul le Conseil constitutionnel a compétence pour apprécier la conformité de la loi française à la Constitution de 1958 qui lui est supérieure et décider qu'elle est inconstitutionnelle. Sont visées toutes les lois, à l'exception de celles adoptées par voie de référendum. Le Conseil constitutionnel doit être saisi par certaines autorités avant la promulgation du texte de loi discuté et dans un délai précis (art. 61 de la Constitution).

53.

b. une juridiction d'appel des jugements administratifs

Le Conseil d'État est la juridiction d'appel des jugements rendus par les tribunaux administratifs et détient ainsi une première fonction juridictionnelle. De plus, il est doté d'une compétence consultative puisqu'il rend des avis sur les projets de décrets qui lui sont soumis.

54.

b. une décision émanant de certains tribunaux

c. un texte élaboré par le pouvoir exécutif.

Le terme « ordonnance » peut revêtir deux significations juridiques selon le contexte qui l'utilise. Une ordonnance peut être une décision émanant d'une juridiction statuant à juge unique (par exemple, ordonnance du juge des référés, du juge d'instruction). Elle peut également désigner deux types d'actes normatifs prévus par les articles 16 et 38 de la Constitution de 1958.

D'une part, les ordonnances de l'article 16 sont des actes à valeur législative élaborés par le Président de la République dans des circonstances exceptionnelles.

D'autre part, les ordonnances prises en vertu de l'article 38 sont élaborées par le pouvoir exécutif dans des domaines relevant du pouvoir législatif ; elles ont, en principe, valeur réglementaire ; et, lorsqu'elles font l'objet d'une ratification ultérieure par le Parlement, elles acquièrent valeur législative.

55.

c. un sujet de droit titulaire de droits subjectifs

Une personne physique est une personne humaine née viable et sujet de droit titulaire de droits subjectifs qui acquiert la capacité d'exercer ses droits à compter de la majorité.

56.

a. **elle fait l'objet d'une abrogation expresse par une loi**
b. **elle fait l'objet d'une abrogation tacite**

En principe, une loi demeure en vigueur jusqu'à son abrogation expresse par une autre loi. Toutefois, dans certains cas, elle peut faire l'objet d'une abrogation tacite lorsque ses dispositions deviennent inconciliables avec le nouveau texte de même nature qui lui est postérieur.

En revanche, la loi demeure en vigueur si elle fait l'objet d'une codification à droit constant laquelle consiste à intégrer sans les modifier les articles de lois existantes dans un code et à attribuer un numéro à chaque article. La codification à droit constant vise à rassembler tous les textes relevant du même domaine dans un code unique.

La loi ne peut jamais être abrogée par le non-usage.

Enfin, les juges sont tenus de se conformer à la loi ; ils peuvent l'écarter en présence de lois et règlements supplétifs ; mais ils ne peuvent pas mettre fin à ses effets.

57.

a. **une convention internationale liant plusieurs États**

Les expressions « traité » et « convention internationale » sont des termes juridiques synonymes qui désignent les accords conclus entre plusieurs États ; lorsque le traité lie deux États, il est « bilatéral » ; lorsqu'il est conclu par plus de deux États, c'est un traité multilatéral. Certains traités sont parfois communément appelés pacte, accord, qui sont des termes génériques.

Lorsque l'accord lie deux sujets de droit (personnes physiques ou morales), il constitue un contrat ou convention.

Droit civil

58.

c. l'exécution d'une obligation contractuelle

Un paiement est une illustration des « faux amis » rencontrés dans le langage juridique.

En effet, s'il vise communément une somme d'argent, le paiement consiste, en droit, à exécuter une obligation quelconque ; il résulte, par exemple, de la mise à disposition du bien loué par le bailleur et du versement d'un loyer par le locataire.

59.

c. une fraction du prix payée d'avance et déductible du prix total

Les termes d'arrhe et d'acompte sont souvent confondus dans le langage usuel alors qu'ils visent des situations juridiques précises et distinctes dans le cadre d'un contrat.

Les arrhes désignent une somme d'argent versée à l'avance par un contractant à l'autre et en principe perdue si l'auteur du versement use de la faculté de dédit.

L'acompte consiste également en un versement d'argent effectué à l'avance par un contractant à l'autre mais qui représente une partie du prix total dû et déductible par celui-ci.

60.

a. une sûreté
d. l'affectation d'un bien meuble en garantie avec dépossession

---

Tous ces termes, dont celui de gage, sont regroupés dans la catégorie des sûretés ; ils confèrent une garantie au créancier sur son débiteur et permettent au créancier impayé de faire vendre le bien à certaines conditions afin d'être réglé sur son prix de vente.

Mais chaque expression revêt un sens particulier.

Un gage consiste à affecter en garantie du créancier un bien susceptible d'être déplacé et entraînant la dépossession du débiteur.

Un nantissement de fonds de commerce permet d'affecter le fonds en garantie du paiement d'une dette de l'exploitant au profit d'un créancier, mais sans dépossession du bien.

Enfin, une hypothèque consiste pour le débiteur à affecter sans dépossession un bien immeuble au profit d'un créancier.

61.

d. de dommages et intérêts

La réparation du dommage (ou préjudice) subi par la partie victime de l'inexécution de ses obligations par le cocontractant doit en principe être effectuée en nature. Mais elle prend généralement la forme d'une réparation pécuniaire par l'octroi d'une somme d'argent appelée « dommages et intérêts », lorsque la réparation en nature est impossible. Le versement des dommages et intérêts incombe à l'auteur de la défaillance tenu pour responsable du préjudice ainsi subi.

62.

b. sa ratification par l'État français

c. sa publication au *Journal officiel*

Un traité ou convention internationale est un accord conclu entre deux ou plusieurs États qui entre en vigueur dans chaque pays signataire selon des modalités définies par le droit national. En droit français, un traité entre en vigueur, non pas à la date de sa conclusion par l'État français mais après avoir fait l'objet d'une ratification par le Président de la République et d'une publication au *Journal officiel*.

63.

b. la détention par plusieurs personnes de droits identiques sur une masse de biens

---

L'indivision est un état, d'origine légale ou contractuelle, de biens sur lesquelles coexistent les droits de plusieurs personnes appelées coïndivisaires ; ces droits ne peuvent être individualisés qu'après partage des biens et attribution à chacun de sa part (art. 815 C. civ.).

Une communauté de biens est l'une des variétés de régime matrimonial des époux qui organise leurs rapports pécuniaires.

Enfin, la mise en commun d'apports par plusieurs personnes est effectuée au profit du patrimoine d'une société et en constitue son capital ; les apports sont une condition de validité du contrat de société (art. 1832 C. civ.).

64.

c. un individu détenteur des droits d'une autre personne

Un ayant droit est une personne qui détient des droits d'une autre personne appelée « auteur » ; par exemple, les enfants d'une personne décédée sont les ayants cause du défunt car ils détiennent les droits appartenant à ce dernier en vertu des règles de succession.

65.

a. conférer à un mineur la même capacité qu'un majeur par une certaine procédure

L'émancipation est l'acquisition par un mineur de la même capacité juridique qu'un majeur et ce, avant l'âge de la majorité. Toutefois, le mineur émancipé n'acquiert jamais la capacité commerciale et ne peut prétendre à la qualité de commerçant, jugée pour lui trop dangereuse à son égard.

66.

a. un quasi-contrat

La gestion d'affaires est un quasi-contrat par lequel une personne appelée gérant s'occupe des affaires d'une autre, le géré ou maître de l'affaire, de sa propre initiative et à l'insu du géré mais dans son intérêt ; le gérant d'affaires doit gérer les affaires en bon père de famille et rendre des comptes au géré en contrepartie du remboursement par ce dernier des dépenses engagées.

67.

c. un avantage accordé sur la propriété d'un bien

L'attribution préférentielle est un avantage accordé par un juge dans le cadre du partage de biens, permettant d'attribuer prioritairement la propriété d'un bien à un copartageant. Le droit de préférence profite à un créancier dit « privilégié » et lui permet d'être payé avant les autres créanciers ordinaires, dits chirographaires.

Le droit de préemption est le droit d'origine légale ou contractuelle permettant à un individu d'acquérir un bien à titre prioritaire en cas de vente de ce bien,

68.

a. remplacer un bien ou un individu par un autre

La subrogation, d'origine légale ou conventionnelle, est l'opération de remplacement d'une chose par une autre dans un rapport juridique (subrogation réelle) ; elle peut aussi consister à remplacer une personne par une autre « subrogée » dans les droits de la première (subrogation personnelle) ; tel est le cas de l'assureur de la victime qui, après avoir indemnisé celle-ci, est subrogé dans ses droits à l'encontre de l'auteur du dommage.

L'acte juridique engendrant un lien de subordination entre deux personnes est un contrat de travail.

Enfin, la compensation consiste à éteindre deux dettes réciproques et connexes entre deux contractants à concurrence de la plus faible.

69.

b. faux

La consignation se distingue du contrat de dépôt. Elle consiste à déposer une somme d'argent ou des valeurs à titre de garantie. En revanche, le dépôt est un contrat par lequel une personne, le déposant, confie un bien à une autre, le dépositaire qui doit en assurer la conservation et le restituer en nature.

70.

b. non

Le droit au bail ou contrat de location est un accord par lequel l'un des contractants appelé bailleur ou loueur met à disposition du locataire un bien meuble ou immeuble qui peut l'utiliser et qui doit en contrepartie verser un loyer, maintenir le bien en bon état et le restituer à l'expiration du contrat. Ce contrat ne confère par la propriété du bien.

En revanche, le droit d'usage d'une chose est un droit réel accordant la faculté d'utiliser et de bénéficier des fruits d'un bien appartenant à autrui pour assurer la satisfaction de ses besoins de son titulaire et de sa famille.

71.

b. qui vaut renonciation à se prévaloir d'un droit

La confirmation est un acte juridique par lequel une personne renonce à se prévaloir de la nullité relative d'un acte juridique ; elle a pour effet de restituer toute sa validité à l'acte qui produit son plein effet.

L'adhésion à un contrat type est le consentement donné par une partie à une convention dont les clauses sont généralement prérédigées unilatéralement par un contractant professionnel et dont les cocontractants ne peuvent pas modifier le contenu.

72.

a. d'un démembrement du droit de propriété

La nue-propriété est un démembrement du droit de propriété comprenant le droit d'user, de jouir et de disposer d'un bien ; l'usufruitier n'a que l'utilisation de ce bien sans pouvoir de disposition.

73.

b. faux

Le droit de propriété n'est pas un droit d'habitation bien que le langage courant assimile à tort le fait d'habiter et d'être propriétaire d'un immeuble.

Le droit de propriété est le droit le plus absolu d'user, de jouir et de disposer d'une chose ; le droit d'habitation est limité et s'entend du droit au logement dans un immeuble dans les limites des besoins du bénéficiaire.

74.

c. la production périodique d'un bien

Les fruits désignent ce qui est produit régulièrement par un bien sans en altérer la substance (par exemple, cueillette de fruits sur un arbre).

Ils ne doivent pas être confondus avec les profits réalisés par un entrepreneur, personne physique ou morale, qui sont appelés « bénéfices » et qui sont parfois redistribués aux titulaires de valeurs mobilières sous forme de dividendes.

75.

c. aux obligations des parents envers leurs enfants mineurs

Tous ces termes appartiennent au droit de la famille mais ont chacun un sens propre.

L'autorité parentale regroupe tous les droits et devoirs conférés par la loi aux parents chargés d'assurer la protection de leur enfant mineur et de ses biens.

Le droit de visite est le droit de recevoir pendant une durée déterminée et de manière régulière un enfant mineur confié à une autre personne.

Le droit de garde est attribué à l'un des époux divorcé, l'autre époux conservant un droit de visite sur les enfants, selon des modalités fixées par le juge.

76.

b. une aide matérielle légale due par une personne au profit d'une autre

L'obligation alimentaire est l'obligation pour une personne de fournir une aide matérielle à certaines personnes dans le besoin afin d'assurer leur subsistance, souvent par l'attribution d'une somme d'argent.

Hormis les cas énoncés par la loi, l'entraide familiale résulte de la conscience individuelle et constitue une obligation naturelle non sanctionnée par le droit.

77.

c. un contrat conclu par deux majeurs célibataires

Le PACS ou pacte civil de solidarité, est un contrat conclu entre deux personnes majeures et célibataires permettant d'organiser leur vie commune.

Il ne peut donc être assimilé au concubinage qui est une situation de fait ; ce dernier peut toutefois engendrer certains droits et obligations pour les concubins.

Le PACS n'est pas assimilable au mariage.

78.

c. l'identification d'une personne par des données consignées sur un registre

L'état civil est l'identification d'une personne à l'aide de ses nom, prénom, filiation et nationalité. L'état civil désigne également un service de l'État chargé de conserver les éléments d'identification des personnes physiques.

La naissance d'un enfant est l'une des inscriptions obligatoires effectuée auprès de l'officier de l'état civil afin d'identifier la nouvelle personne physique.

79.

b. faux

L'usucapion se réfère à la prescription acquisitive. C'est la possibilité d'acquérir de manière rétroactive un droit réel principal après la possession durable d'un bien.

L'usufruit est un démembrement du droit de propriété et un droit réel temporaire qui autorise l'usufruitier à profiter des revenus d'un bien et à l'utiliser.

80.

d. un acte de disposition des biens du défunt

Un testament est un acte unilatéral permettant à une personne de disposer de ses biens, qui devient effectif à compter de son décès. C'est un acte de disposition à l'instar de la libéralité mais une différence les sépare : la libéralité consiste à disposer d'un bien, soit pour cause de mort, soit du vivant d'un individu.

La donation n'est pas un acte unilatéral mais un contrat par lequel une personne animée d'une intention libérale donne un bien sans contrepartie à une autre.

Enfin, le legs est un acte unilatéral qui produit effet au décès de son auteur et vise à transférer en tout ou partie ses biens à une autre personne appelée légataire.

81.

c. une dissolution judiciaire du mariage

Le divorce est une procédure judiciaire de dissolution du mariage contracté entre deux époux qui revêt différentes formes amiables ou judiciaires, selon les relations des époux.

La séparation de corps résulte d'une décision du juge qui autorise les époux à habiter séparément et organisant leurs rapports pécuniaires tout en maintenant leurs devoirs de fidélité et d'assistance, sans dissoudre les liens du mariage.

82.

a. il est affecté en garantie d'une créance

Une hypothèque permet au débiteur d'affecter un immeuble en garantie d'un créancier mais sans déposséder le débiteur de ce bien.

Un nantissement est un gage spécifique consistant à affecter un bien meuble en garantie d'une créance, mais sans dépossession du débiteur qui peut utiliser ce bien. Le nantissement et l'hypothèque sont des sûretés.

Une saisie est une procédure entraînant l'indisponibilité d'un bien (par exemple, saisine d'une créance de salaires). Certaines saisies interdisent au débiteur de vendre provisoirement le bien saisi afin d'assurer le recouvrement d'une créance (saisie-conservatoire). D'autres autorisent le créancier impayé à vendre le bien saisi appartenant à son débiteur au moyen d'un titre exécutoire (saisie-exécution).

En revanche, une servitude n'est pas une sûreté mais un droit réel bénéficiant à un immeuble au détriment d'un autre immeuble. Ainsi, une servitude de passage profite à une habitation mais nuit à une autre qui doit supporter le passage.

83.

a. cas fortuit
b. cas de force majeure

Ces événements sont des cas fortuits ou cas de force majeure lorsqu'ils sont à la fois extérieurs, imprévisibles et irrésistibles, c'est-à-dire indépendants de la volonté des parties, impossibles à prévoir et n'admettant aucune résistance (par exemple, un vol à main armée du contenu d'un véhicule stationné en lieu sûr). La force majeure empêche l'une des parties d'exécuter ses obligations et le dispense de toute responsabilité civile.

Le terme « exception » désigne des situations juridiques variées. Dans le cadre de la procédure civile, c'est un moyen de défense soulevé par une partie au cours d'une instance.

84.

b. faux.

L'astreinte est une condamnation au versement d'une somme d'argent par jour de retard imposé à un débiteur récalcitrant.

L'injonction est un ordre donné par une juridiction : injonction de faire, de payer.

85.

b. un contrat comportant des concessions réciproques entre les parties

La transaction est un contrat nommé, nécessairement écrit, mettant fin à une contestation entre les parties ou prévenant une contestation à naître et comportant des concessions réciproques de celles-ci ; elle interdit toute action en justice relative à la contestation ainsi transigée.

86.

b. faux

Ces deux termes se distinguent en droit ; en effet, un avenant est une modification apportée à un contrat. Un amendement est une proposition de modification demandée par le gouvernement ou les parlementaires (députés ou sénateurs) portant sur un texte de loi en cours d'élaboration.

87.

b. un contrat doté d'un régime juridique par la loi

Un contrat nommé est un contrat dont le régime juridique est prévu par les lois et règlements (Art. 1583 et s. du Code civil pour le contrat de vente).

Il a force obligatoire entre les parties et doit obéir aux règles de droit impératives qui lui sont supérieures et auxquelles les parties ne peuvent pas déroger.

Le contrat simplement intitulé par les parties n'est réglementé par aucun texte ; son titre, choisi par les contractants, constitue, soit une simple désignation générique sans conséquences juridiques, soit une véritable qualification si le contenu de l'accord précisant les droits et obligations des parties correspond à son intitulé.

88.

a. d'une rescision
b. d'une annulation
c. d'une résolution

Une convention cesse de produire effet lorsqu'elle fait l'objet d'une rescision, d'une annulation ou encore d'une résiliation ou résolution.

La rescision sanctionne une lésion ; elle anéantit un contrat affecté d'un déséquilibre des prestations contractuelles constaté lors de la conclusion du contrat.

Elle produit les mêmes effets que la nullité relative.

L'annulation consécutive à un vice dans la formation de la convention anéantit rétroactivement celle-ci (en faisant disparaître ses effets passés et à venir).

La résolution est l'anéantissement rétroactif du contrat à la suite d'un vice d'exécution. La résiliation entraîne la disparition du contrat limitée à ses effets futurs à la suite d'un vice dans son exécution.

Enfin, un contrat inopposable aux tiers est valable mais ne produit aucun effet à leur égard, à défaut du respect de certaines formalités.

89.

b. une personne morale

Une société régulièrement immatriculée est un groupement de personnes ayant pour objet de profiter d'une économie ou de partager les bénéfices entre les associés qui s'engagent à contribuer aux pertes. Elle acquiert la personnalité juridique à compter de son immatriculation au registre du commerce et des sociétés et détient alors les mêmes droits et obligations qu'une personne physique.

Les termes « entreprise » et « succursale » ont une signification économique.

L'entreprise est un groupement doté de moyens matériels et humains en vue d'exercer une activité et de réaliser un profit et dont l'organisation est assurée aux risques et périls de l'entrepreneur.

Enfin, une succursale est un lieu de commercialisation des produits ou services, dépourvue de personnalité juridique mais dotée d'une certaine autonomie d'organisation par rapport à la personne morale principale.

90.

b. une sûreté réelle avec ou sans dépossession du débiteur

Un warrant est une sûreté réelle avec ou sans dépossession du débiteur, selon les cas ; si le bien est placé chez un tiers, il y a dépossession ; en revanche, le débiteur est laissé en possession dans le warrant hôtelier et le warrant agricole.

Un gage est un contrat réel généralement saisi avec dépossession du débiteur en général et qui confère au créancier gagiste le droit de retenir le bien (droit de rétention) et un droit de préférence en cas de vente du bien gagé.

91.

b. opérant transfert de la propriété du bien
c. supposant le paiement d'un prix

Le contrat de vente est un contrat nommé, défini par le Code civil et soumis à deux conditions de validité : le transfert de propriété de la chose et le versement du prix en contrepartie (Art. 1583 C. civ.).

Bien qu'on assimile dans le langage courant la vente et la livraison du bien, la livraison n'est que l'exécution du contrat de vente.

92.

a. d'extinction d'un droit

La prescription d'une action en justice dans un délai de dix ans signifie que le délai d'exercice de l'action se prescrit, c'est-à-dire s'éteint à l'expiration d'un délai de dix ans ; la prescription est dite extinctive car c'est l'écoulement du temps qui éteint le droit d'agir. Elle s'oppose à la prescription acquisitive qui permet d'acquérir un droit par l'écoulement d'une période donnée.

93.

b. un créancier ordinaire dépourvu de sûreté

Un créancier chirographaire ne bénéficie d'aucune sûreté spécifique sur le patrimoine de son débiteur mais uniquement d'un droit de gage général. Il est payé au prix de la course, c'est-à-dire selon ses diligences et sa célérité par rapport aux créanciers chirographaires. En revanche, un créancier privilégié bénéficie de sûretés, mobilières ou immobilières, lui permettant de recouvrer sa créance par préférence aux créanciers chirographaires.

94.

b. échelonnement de la dette du débiteur par le juge

Un délai de grâce est un rééchelonnement sur deux années du paiement de la dette d'un débiteur qui peut être octroyé par le juge en tenant compte de la situation financière du débiteur et des besoins du créancier (Art. 1244-1 C. civ.).

95.

b. un contrat de prestations de services

Un contrat d'entreprise, appelé également contrat de prestation de services, oblige un entrepreneur à effectuer des prestations de manière indépendante pour le compte du maître d'ouvrage moyennant une contrepartie financière.

Il se distingue du contrat de travail qui lie un employeur donnant des instructions à un salarié sous sa subordination juridique et moyennant versement d'un salaire.

Les deux accords peuvent être conclus par des personnes physiques ou morales.

96.

b. action en remboursement d'une somme non due

L'action en répétition de l'indu est l'action exercée par une personne ayant réglé une somme indue, appelée « *solvens* », afin d'en obtenir le remboursement. Elle peut, par exemple, porter sur une dette déjà acquittée par celui-ci.

97.

c. un enrichissement injustifié

Un individu qui enrichit son patrimoine sans justification, s'oblige à restituer le montant de cet enrichissement à la personne dont le patrimoine a été appauvri ; l'enrichissement sans cause figure dans la catégorie des quasi-contrats.

Une clause léonine traduit également un déséquilibre mais elle consiste à attribuer l'intégralité des bénéfices ou à affranchir totalement des pertes l'associé d'une société. Une telle clause est réputée non écrite mais n'entache pas la validité du contrat de société.

La lésion est un déséquilibre des prestations respectives des parties à un contrat, qui est constatée lors de sa formation et qui n'est susceptible de rescision que dans certains cas limitatifs.

98.

d. l'acte d'un stipulant comportant l'engagement d'un promettant au profit d'un tiers

Les opérations effectuées pour le compte d'autrui ne se confondent pas en droit. Une procuration est une expression courante caractérisant un pouvoir.

La stipulation pour autrui est une opération par laquelle une personne appelée stipulant obtient d'une autre, le promettant, qu'elle s'engage au profit d'un tiers bénéficiaire (par exemple dans un contrat d'assurance-vie).

La représentation est un terme générique désignant les agissements d'une personne au nom et pour le compte d'autrui.

Le contrat de mandat est un contrat nommé et régi par le Code civil, par lequel une personne appelée mandataire effectue des actes juridiques au nom et pour le compte d'une autre, le mandant (Art. 1984 du Code civil).

99.

b. faux

Une contre-lettre est un acte secret renfermant les volontés réelles des parties à un acte juridique, et masquée par un autre acte, appelé acte apparent ou ostensible, seul révélé aux tiers et leur laissant croire à cette apparence. Dans l'opération de simulation, seule la contre-lettre produit effet entre les parties à condition d'être licite.

100.

a. un refus de restitution d'un bien pour non-paiement

Le droit de rétention autorise le détenteur à refuser de restituer le bien appartenant à un débiteur tant que ce dernier n'a pas exécuté ses obligations.

101.

a. **un contrat comportant des versements périodiques pendant toute la vie d'une personne**

La rente viagère est un contrat par lequel le débit rentier s'engage à effectuer des versements périodiques au crédirentier, pendant toute la vie de ce dernier et moyennant en général une contrepartie.

102.

c. **un accord donnant la priorité au bénéficiaire en cas de vente d'un bien**

Un pacte de préférence est un accord par lequel le propriétaire d'un bien s'engage à l'égard du bénéficiaire à lui réserver la propriété de ce bien en cas de vente.

Un pacte commissoire confère au créancier bénéficiant d'une sûreté et, dans certains cas, la faculté de s'attribuer par priorité la propriété d'un bien appartenant à son débiteur en cas de non-paiement au terme prévu.

Enfin, l'attribution préférentielle permet à l'un des héritiers de se voir attribuer, lors du partage, la propriété d'un bien du défunt moyennant une contrepartie (par exemple, pour un fonds de commerce, une exploitation agricole).

103.

c. **sont tenus chacun de payer au créancier la totalité de la dette**

La responsabilité est dite « solidaire » lorsqu'un créancier peut demander le règlement intégral de sa créance à l'un quelconque des codébiteurs sans s'adresser à chacun d'eux ; elle est appelée « obligation à la dette ». Le débiteur ayant réglé la somme doit ensuite réclamer aux codébiteurs la fraction qui incombe à chacun ; c'est la « contribution à la dette ».

La solidarité est présumée entre codébiteurs commerçants ; et elle doit être expressément stipulée entre codébiteurs non-commerçants.

104.

b. elle est due uniquement par des codébiteurs chacun pour sa part

La dette est conjointe lorsque chacun des codébiteurs s'engage à régler au créancier uniquement la part lui incombant dans la dette.

La responsabilité conjointe est la règle entre codébiteurs non-commerçants.

105.

c. le tribunal géographiquement compétent conformément à l'organisation juridictionnelle française

Les parties qui insèrent dans leur convention une clause attributive de compétence conviennent à l'avance de la nature de la juridiction territorialement compétente pour connaître des litiges nés des difficultés d'exécution de leur accord. Ces clauses ne peuvent jamais déroger aux règles d'organisation juridictionnelle française qui sont d'ordre public.

106.

b. à une incertitude sur la vie ou le décès d'un individu

L'absence désigne la situation d'un individu dont on ignore s'il est vivant ou décédé à défaut de signe de vie de celui-ci depuis longtemps.

Cet état prévu par le Code civil (art. 112 à 132) fait tout d'abord l'objet d'une déclaration d'absence par le juge des tutelles présumant que la personne est encore vivante et conservant ses droits. À l'expiration d'une période de dix ans à compter de cette présomption, le tribunal de grande instance rend un jugement de déclaration d'absence produisant les mêmes effets qu'un acte de décès.

107.

a. la conservation des droits du débiteur négligent

Une action oblique est une action exercée au nom et pour le compte du débiteur par l'un de ses créanciers lorsque le débiteur néglige à faire valoir ses droits et n'assure pas la conservation de son patrimoine sur lequel les créanciers ordinaires (chirographaires) ont un droit de gage général, constituant une garantie de paiement à leur égard.

108.

b. un arrêt de portée générale destiné à orienter les futurs jugements

---

Un arrêt (ou décision) de principe est une décision de justice émanant généralement de la Cour de cassation qui revêt, par ses motifs, un caractère général et solennel, et formule une solution nouvelle sur une question de droit controversée ; elle est destinée à influencer les futures décisions, au-delà des données du litige.

L'arrêt de principe ne doit surtout pas être confondu avec l'arrêt de règlement autrefois rendu par les anciens Parlements et prohibé par l'article 5 du Code civil qui interdit à une juridiction de se prononcer par voie de dispositions normatives et générales.

109.

b. la contrepartie d'une obligation contractuelle

La cause d'un contrat est la contrepartie d'une prestation prévue par l'accord de volontés des parties ; elle peut être d'ordre pécuniaire ou non. C'est la raison pour laquelle les parties s'obligent à contracter. Le droit français sanctionne les contrats sans cause par la nullité.

110.

b. un contrat de prestations de services

La franchise est un contrat de prestations de services, créée par la pratique, aux termes duquel une personne, appelée franchiseur, concède un droit d'exploitation de différents éléments (marque, enseigne, savoir-faire, produits et services), à une autre personne appelée franchisé, qui exploite de manière indépendante ces éléments en vue d'attirer une clientèle ; le franchisé s'oblige en contrepartie à verser au franchiseur une redevance et à s'approvisionner exclusivement auprès de celui-ci.

111.

b. refuser d'exécuter sa prestation à défaut d'exécution de son cocontractant

Dans le cadre d'un contrat synallagmatique ou bilatéral, le créancier d'une obligation peut refuser d'exécuter sa propre prestation tant que le débiteur défaillant n'a pas exécuté son obligation. Cette technique jurisprudentielle constitue un excellent moyen de pression à l'égard de la partie défaillante.

Toutefois, ce moyen de défense n'autorise pas le cocontractant à exercer un droit de rétention. Ce droit permet au détenteur d'une chose appartenant à son débiteur de refuser la restitution du bien tant que le débiteur n'a pas exécuté sa prestation dans certaines hypothèses.

112.

a. convention

Un accord de volontés liant deux personnes constitue un contrat ou convention, les deux termes étant synonymes.

Il ne peut être assimilé à une « entente » qui, au sens juridique, désigne une « action concertée résultant d'un accord exprès ou tacite entre plusieurs entreprises destinées à fausser la concurrence sur un marché particulier » ; une telle pratique est illicite car elle porte atteinte au principe de liberté de la concurrence (Art. L420-1 C. com.).

113.

c. exercice d'un droit détourné de sa finalité

L'exercice abusif d'un droit est qualifié d'abus de droit : un individu titulaire d'un droit exerce ce droit de manière détournée de sa finalité sociale ou bien dans l'intention de nuire ; il engage sa responsabilité et s'oblige à verser des dommages et intérêts à la victime qui subit un préjudice.

Par un comportement dolosif, un individu emploie des manœuvres trompeuses, positives ou négatives, en vue d'inciter une personne à contracter ; si le dol a été déterminant du consentement de la victime, il peut entraîner la nullité du contrat.

114.

a. comportant nécessairement une contrepartie quelconque

Un contrat à titre onéreux est une convention par laquelle une partie qui bénéficie d'une prestation, doit fournir une contrepartie, financière ou non, à son cocontractant.

115.

b. faux

Le tribunal correctionnel et le tribunal de grande instance sont deux tribunaux appartenant au même degré de juridiction mais dont la compétence d'attribution est distincte. Le tribunal de grande instance est la juridiction de droit commun de première instance chargée des litiges civils qui connaît, outre les affaires qui lui sont réservées, des différends ne relevant pas de la compétence exclusive d'un autre tribunal du premier degré.

Le tribunal correctionnel est, au sein des juridictions répressives, la juridiction de droit commun du premier degré attachée au tribunal de grande instance et compétente pour connaître des délits expressément prévus par le Code pénal.

116.

c. une voie de recours exercée par une personne non partie à l'instance

Bien que ces trois expressions relèvent toutes de la procédure civile, elles revêtent un sens distinct. La tierce opposition est une voie de recours par laquelle une personne non partie à l'instance sollicite la réformation ou la rétractation de la décision rendue afin que celle-ci lui soit inopposable.

Une requête conjointe est définie par le nouveau Code de procédure civile comme un « acte commun par lequel les parties soumettent au juge leurs prétentions respectives » (Art. 57).

Une intervention volontaire est une demande en intervention forcée formée par un tiers au litige pour devenir partie au litige.

117.

d. un acte sans effet

Un acte nul est un acte atteint d'un vice de formation qui est anéanti dans ses effets passés et futurs par l'annulation.

La forclusion sanctionne le défaut d'accomplissement d'un acte de procédure dans le délai imparti.

Un acte inopposable est parfaitement valable mais ne produit aucun effet à l'égard des tiers.

Un acte périmé est un acte devenu sans effet par l'effet de l'écoulement du temps.

118.

c. une expression courante, non juridique

Le terme « collusion » n'a aucune signification juridique particulière, à la différence des deux autres expressions.

La complicité caractérise, en droit pénal, l'état d'une personne complice qui participe à la commission d'une infraction pénale sans réunir en elle-même tous les éléments constitutifs de celle-ci, et qui assiste, aide à la préparation ou à la consommation de cette infraction aux côtés de son auteur principal.

La solidarité désigne des obligations solidaires liant plusieurs créanciers (solidarité active) ou plusieurs débiteurs (solidarité passive).

Dans la solidarité active, plusieurs créanciers d'un même débiteur peuvent chacun réclamer à celui-ci l'intégralité de la dette, à charge pour le créancier bénéficiaire de la somme totale de répartir son montant entre les autres créanciers.

Dans la solidarité passive mettant en présence un créancier et plusieurs codébiteurs de la même dette, le créancier peut exiger le règlement de la totalité de la dette à l'un quelconque des codébiteurs (obligation à la dette) ; il incombe ensuite à celui qui s'acquitte du règlement total de répartir le poids définitif de la dette entre les autres débiteurs (contribution à la dette).

119.

d. un ordre émanant d'une juridiction

Une injonction est un ordre donné par une décision de justice. Elle se distingue de la comparution qui consiste pour une personne à se présenter devant la juridiction compétente pour défendre sa cause.

Elle ne peut pas davantage être assimilée à une citation en justice laquelle désigne un acte de procédure destiné à informer une personne qu'elle est tenue de se présenter devant une juridiction.

Enfin, une assignation est un acte introductif d'instance invitant la partie adverse à comparaître devant une juridiction.

120.

c. des situations différentes

Les termes de stipulation, prescription et disposition se réfèrent chacune à une situation spécifique.

Une disposition désigne un article de loi ou une clause d'un contrat.

Une prescription est une situation dans laquelle l'écoulement du temps produit des effets juridiques (acquisition ou perte d'un droit).

Enfin, les clauses d'un contrat sont également appelées stipulations.

121.

c. un mode de preuve admis dans certains cas

Une présomption est un mode de preuve qui est admis lorsque la preuve par témoignages est également autorisée afin d'établir un fait juridique ou de compléter la preuve d'un acte juridique imparfait dans certains cas.

Cette technique juridique consiste à induire d'un fait certain un autre fait incertain, lorsque le fait incertain est difficile à prouver.

122.

b. faux

Les motifs ne doivent pas être confondus avec le dispositif d'une décision de justice.

Le dispositif, généralement bref, désigne la solution rendue par les magistrats et retient généralement l'attention des parties.

Les motifs, intéressant le juriste, constituent l'argumentation, le raisonnement juridique justifiant le dispositif. Le juge a l'obligation de motiver ses jugements.

Enfin, un pourvoi désigne la voie de recours utilisée pour saisir la Cour de cassation d'une question de droit (pourvoi en cassation).

123.

a. une demande de modification d'une disposition constitutionnelle

Un recours en révision est une procédure visant à modifier une ou plusieurs dispositions constitutionnelles à l'issue du vote d'une loi constitutionnelle.

La récusation est une procédure distincte consistant à demander le dessaisissement du juge dans une affaire quand les circonstances conduisent à douter de son impartialité.

Un recours pour excès de pouvoir est un recours en annulation contre un acte administratif portant atteinte à des droits et relevant du juge administratif.

124.

b. un droit de jouissance

Le droit d'usage, l'usufruit et le droit au bail évoquant l'utilisation d'un bien ne doivent pas être confondus.

Le droit d'usage est un droit réel, démembrement de la propriété qui permet l'utilisation et la perception des fruits d'un bien appartenant à autrui dans les limites du besoin du titulaire du droit et de sa famille.

L'usufruit est un droit réel temporaire résultant également d'un démembrement de la propriété et autorisant l'usufruitier à utiliser le bien et à en percevoir les revenus sans pouvoir en disposer.

Le droit au bail est le droit résultant du contrat de bail aux termes duquel le propriétaire d'un meuble ou d'un immeuble met à disposition du locataire ou preneur, la jouissance et l'utilisation du bien moyennant versement d'un loyer pendant une certaine durée.

125.

c. par l'âge de la majorité

La capacité n'est ni une procuration ni un pouvoir.

Elle désigne l'aptitude d'une personne, physique ou morale, à être titulaire de droits et d'obligations et à les exercer personnellement.

La procuration est synonyme de mandat ; c'est un contrat par lequel une personne, le mandant, charge une autre personne appelée mandataire d'accomplir des actes juridiques en son nom et pour son compte.

Un pouvoir évoque, dans le langage courant, une procuration donnée par une personne à une autre (par exemple, pouvoir de voter lors d'une assemblée générale donné par un membre d'une personne morale).

126.

c. de faire régler sa dette à un tiers

La délégation, la subrogation et le prête-nom constituent trois opérations mettant en cause plusieurs personnes mais juridiquement distinctes.

La délégation est une technique juridique par laquelle une personne appelée délégant demande à une autre, appelée délégué, de payer en son nom une dette à un tiers appelé délégataire.

Elle ne se confond pas avec la subrogation qui consiste à remplacer une chose par une autre (subrogation réelle) ou une personne par une autre (subrogation personnelle).

En cas de subrogation personnelle, la personne subrogée se substitue dans les droits et obligations du subrogeant après l'avoir dédommagé.

Un prête-nom désigne un individu qui agit au nom d'un tiers dans le cadre d'un acte juridique en laissant croire qu'il agit en son nom propre.

127.

a. dans une catégorie juridique existante

La qualification est une opération qui consiste à classer un acte dans une catégorie juridique afin de lui appliquer le régime juridique propre à cette qualification (par exemple, contrat de vente exigeant le transfert de propriété d'un bien et un prix).

Le juge peut procéder à la requalification d'un contrat lorsque son intitulé ne correspond pas à son contenu.

L'intitulé donné par les parties à un contrat constitue une simple désignation n'intégrant pas une catégorie juridique préexistante.

Une institution désigne un statut juridique légal (mariage, filiation).

128.

c. bénéficiaire d'une partie du patrimoine de son auteur

L'ayant cause à titre particulier désigne la personne qui succède à un ou plusieurs droits déterminés de son auteur.

Il ne se confond pas avec l'ayant cause à titre universel qui succède à une quote-part du patrimoine de son auteur.

L'ayant cause universel recueille l'intégralité du patrimoine de son auteur.

Enfin, au sens général, l'ayant cause désigne la personne qui tient un droit d'une autre appelée « auteur ».

129.

b. déclaratif

Les décisions de justice ont un effet variable selon la nature du jugement ou de l'arrêt rendu. L'effet dévolutif s'applique à certaines voies de recours qui obligent la juridiction saisie à statuer en fait et en droit sur le litige soumis aux premiers juges et dont la solution est critiquée par l'un des plaideurs (appel et opposition).

Un jugement produit un effet déclaratif lorsqu'il constate une situation préexistante ; il s'oppose au jugement constitutif qui établit un droit.

L'effet suspensif permet de suspendre l'exécution d'une décision de justice, par l'exercice de certaines voies de recours, sauf dans le cas où la décision est assortie d'exécution provisoire.

130.

c. la saisine de deux juridictions pour un même litige

L'exception de litispendance invoquée par le tribunal saisi d'une affaire tend à faire constater la saisine de deux juridictions chargées d'un même litige en vue d'obtenir le dessaisissement d'une des juridictions au profit de l'autre, hiérarchiquement supérieure.

L'exception de connexité est une exception de procédure invoquée par l'un des plaideurs quand deux litiges ayant des liens étroits ont été portés devant deux juridictions différentes ; elle tend à faire instruire et juger les deux affaires ensemble.

L'exception d'incompétence invoque l'inaptitude matérielle et géographique d'une juridiction à connaître d'une affaire en vertu des règles d'organisation juridictionnelle.

131.

a. les descendants

Selon les règles successorales applicables à défaut de testament, les biens du défunt sont dévolus aux héritiers en ligne directe ; un héritier désigne la personne qui reçoit la succession de son auteur en vertu de la loi ou du testament.

Un collatéral vise une situation de parenté par rapport à une autre, caractérisée par un ascendant commun mais ne descendant pas l'une de l'autre.

Les coindivisaires sont les membres de l'indivision établie sur les biens d'une personne dont ils détiennent chacun une quote-part qui sera définitivement fixée lors du partage.

132.

c. renonciation à l'instance ou à une voie de recours

Les termes de désistement d'instance, péremption et caducité désignent tous des situations particulières. Le désistement d'instance résulte d'une renonciation à l'instance qui peut ou non entraîner, selon son objet, l'extinction anticipée de l'instance.

L'instance, valablement introduite, devient caduque lorsqu'elle est privée d'une condition indispensable à sa survie.

Enfin, la péremption d'instance anéantit les effets juridiques de l'instance en raison de l'inertie des parties durant la procédure (négligence ou défaut d'exercice d'un droit dans un délai déterminé).

133.

b. une chose de genre

Un bien fongible, ou « chose de genre », peut être mesuré en quantité et qualité et être remplacé par un autre bien du même type (pièces de monnaie).

Un bien meuble ou immeuble est dit frugifère lorsqu'il est susceptible de fournir des fruits de manière périodique.

Un bien est consomptible lorsqu'il est destiné à être détruit après sa première utilisation (denrées alimentaires).

134.

a. réformation

La cour d'appel infirme un jugement lorsqu'elle critique le raisonnement des juges de première instance et réforme la décision en y substituant la sienne.

La cassation est réservée à la Cour de cassation qui annule l'arrêt de la cour d'appel ayant fait l'objet d'un pourvoi en raison d'une mauvaise application de la règle de droit.

135.

b. non susceptible de la preuve contraire

Une présomption est dite irréfragable lorsqu'elle ne peut être détruite par la preuve contraire, à la différence de la présomption simple.

Une règle impérative ne peut pas être écartée par la volonté contraire des justiciables.

136.

a. offre

b. pollicitation

Cette petite annonce constitue une offre ou pollicitation, contenant une proposition ferme de contracter et qui peut être révoquée par son auteur tant qu'elle n'a pas été acceptée par un tiers dans les mêmes termes.

Une lettre d'intention est une simple déclaration adressée à un créancier par laquelle un tiers s'engage à soutenir le débiteur dans l'exécution de ses obligations envers le créancier.

137.

a. appelant

La partie qui forme une voie de recours devant la cour d'appel est l'appelant. La partie intimée est celle qui est défendeur au cours d'une instance devant la cour d'appel.

Une partie civile est la victime d'une infraction pénale qui exerce l'action publique devant les juridictions pénales afin de faire constater l'infraction et sanctionner son auteur.

138.

d. elle est due immédiatement par le débiteur

Une dette est dite exigible lorsqu'elle doit être immédiatement réglée, sans délai ; elle se distingue de la dette à terme dont le paiement est assorti d'un terme, c'est-à-dire d'un événement futur et certain à la réalisation duquel est suspendue l'exigibilité d'un droit.

Procédure

139.

c. les magistrats du parquet

Le ministère public regroupe l'ensemble des magistrats du parquet qui se distinguent des magistrats du siège chargés de juger.

Il est compétent pour assurer la défense de l'ordre public et des intérêts de la société et a l'initiative de l'action publique devant les juridictions pénales.

Il se distingue des membres du gouvernement qui relèvent du pouvoir exécutif.

140.

b. une citation en justice

Une assignation est un acte de procédure établi par un huissier de justice qui permet au demandeur de citer son adversaire à comparaître devant une juridiction afin que le litige les opposant soit tranché par le juge.

C'est une citation en justice qui a pour effet d'introduire l'instance.

Une assignation à résidence consiste à interdire la circulation d'une personne faisant l'objet d'un arrêté d'expulsion en l'obligeant à résider dans un État donné.

141.

c. exercer une action

d. former un recours

Les parties au litige doivent saisir la juridiction compétente en exerçant une action en justice.

Si la décision rendue par le juge ne satisfait pas l'une d'elles, elle peut former un recours, à certaines conditions et dans certains cas, afin de faire rejuger l'affaire par une juridiction du second degré chargée de confirmer ou d'infirmer le jugement. Dans le langage courant, les plaideurs emploient souvent la formule « former un recours ».

Les autres expressions sont génériques et inexactes ; on entend ainsi fréquemment des individus mécontents souhaitant « faire un procès ».

L'instance désigne une étape du procès qui se déroule autour d'actes de procédure jusqu'à la décision de justice.

142.

b. un pouvoir

La compétence vise « l'ensemble des pouvoirs attribués à un agent pour lui permettre de remplir sa fonction », ainsi le juge tranche les litiges dans les matières qui relèvent de sa compétence (*Dictionnaire du vocabulaire juridique*, sous la direction de R. Cabrillac, Litec). On parle des domaines de compétence d'une juridiction pour déterminer la nature des différends soumis à celle-ci.

Les termes « juridiction », « tribunal » et « cour » désignent les organes chargés de statuer sur une affaire et dont la décision s'impose aux parties.

An sens général, une juridiction désigne un tribunal ; plus précisément, le tribunal est une formation juridictionnelle qui est saisie d'un litige en première instance, c'est-à-dire pour la première fois. Une cour statue à l'issue d'une voie de recours.

143.

a. un jugement
c. une décision

Les tribunaux qui tranchent un différend rendent en première instance une ordonnance ou un jugement, selon le cas.

Une décision est une expression générique désignant, dans le langage commun, un acte obligatoire émanant d'une autorité.

Une décision de justice est appelée « jugement » lorsqu'elle émane d'une juridiction de première instance. Quand la juridiction statue à juge unique, elle rend une « ordonnance » (par exemple, ordonnance du juge des référés saisi en cas d'urgence).

Enfin, lorsque la décision est rendue par une juridiction du second degré saisie à la suite d'une voie de recours critiquant un jugement de première instance, elle prend le nom d'« arrêt ».

144.

b. non

L'inscription au rôle consiste pour le secrétariat-greffe d'une juridiction à enregistrer une affaire sur un répertoire et à y indiquer la date de la saisine, le numéro d'inscription, l'identité des parties, la nature de l'affaire, la chambre compétente ainsi que la date et le contenu de la décision rendue.

145.

b. une mesure qui tend à signaler au débiteur un retard d'exécution

---

La mise en demeure est une interpellation officielle du débiteur par un créancier visant à constater son retard dans l'exécution d'une obligation ; elle est faite par une « interpellation suffisante » d'un débiteur non commerçant. Elle est libre à l'encontre d'un débiteur commerçant. Elle n'a pas pour effet d'introduire l'instance.

Une élection de domicile permet aux parties de sélectionner un lieu où sont domiciliés tous les actes de procédure relatifs à une affaire ou tous les actes relatifs à un contrat.

146.

c. les affaires entre particuliers

Le juge de proximité dépend de la juridiction de proximité composée de juges professionnels, issue de la loi du 9 septembre 2002, ayant compétence pour les litiges civils dont le montant n'excède pas 1 500 euros et dont la compétence territoriale est identique à celle du tribunal d'instance. Cette juridiction statue à juge unique ; sont visées toutes les actions mobilières personnelles exercées par une personne physique pour ses besoins non professionnels.

147.

c. demander l'irrecevabilité d'une action en justice

Une fin de non-recevoir est un moyen de défense tendant à faire constater, avant l'examen de l'affaire au fond, l'irrecevabilité de la demande pour défaut de droit à agir.

148.

a. effectuer la préparation du dossier nécessaire à l'audience

Le juge de la mise en état est un juge du tribunal de grande instance qui s'assure que les affaires sont prêtes à être jugées et qui effectue les actes de procédure nécessaires ; il statue également sur les incidents de procédure se produisant durant l'instance.

149.

b. par le ministère public

L'action publique est une action en justice exercée à la demande du ministère public en vue du respect des intérêts de la société et de l'ordre public. Elle peut être exercée devant les juridictions civiles ou répressives, à titre principal ou en qualité de partie civile.

Contrairement à son intitulé, elle n'émane pas d'une personne morale de droit public.

150.

b. trancher les conflits de compétence entre juridictions administratives et judiciaires

Le Tribunal des conflits est une juridiction composée de manière égale de membres du Conseil d'État et de la Cour de cassation et chargée de trancher les conflits de compétence entre les juridictions administratives et judiciaires (conflit positif quand les deux s'estiment compétentes ; conflit négatif lorsque les deux se déclarent incompétentes).

151.

a. elle doit veiller au respect des droits de chaque partie

La procédure contradictoire est un principe essentiel et commun à la plupart des systèmes juridiques. En droit français, elle permet d'assurer le respect des droits de la défense et des plaideurs plus généralement. Chaque partie doit pouvoir faire valoir ses droits et être entendue afin de discussions loyales.

152.

c. une décision de justice rendue par un juge privé

Une sentence arbitrale est une véritable décision de justice rendue par un juge privé choisi par les parties en conflit, qui tranche un litige ; contrairement à l'avis à caractère consultatif, la sentence s'impose aux parties.

153.

c. une décision ne statuant pas sur le fond du litige

Un jugement avant dire droit est une décision dans laquelle le juge ne tranche pas le différend sur le fond du litige mais prescrit une mesure provisoire ou préparatoire (nomination d'un expert, octroi d'une provision…). Il est suivi d'un jugement sur le fond de l'affaire.

L'avis est une proposition de solution émanant d'un conciliateur ou d'un médiateur.

La décision d'un arbitre constitue une sentence arbitrale.

154.

b. une garantie

Classé parmi les garanties ou sûretés personnelles, le cautionnement est un contrat par lequel une personne appelée caution s'engage à régler la dette d'un débiteur en cas de défaillance de ce dernier, au profit d'une autre dénommée « tiers bénéficiaire » (Art. 2011 C. civ.).

155.

a. un acte établi selon certaines formes légales

Un acte authentique est un document rédigé selon certaines formes légales par un officier public (notaire, huissier) et dont la valeur probante est quasi infaillible ; en effet, son authenticité ne peut être remise en cause que par le biais d'une procédure complexe, dite d'« inscription de faux ».

L'acte authentique peut être requis à titre de validité de l'acte (acte solennel) ou à titre de preuve.

156.

b. faux

Une exception de procédure est un moyen de défense soulevée par un plaideur dans le cadre d'un procès.

L'irrecevabilité ou fin de non-recevoir est un moyen de défense visant à établir l'irrecevabilité d'une action pour défaut de droit à agir de l'adversaire, avant tout examen au fond du litige.

157.

b. la vente aux enchères publiques des biens d'une personne décédée

Dans le domaine de la procédure civile, une adjudication est une procédure de vente aux enchères publiques d'un bien qui est attribué à celui qui offre la plus forte enchère.

En droit administratif, c'est une technique de passation des marchés publics qui n'accorde à l'Administration aucune liberté de choix.

La liquidation consiste à réaliser, c'est-à-dire à vendre, l'actif du patrimoine d'une personne physique ou morale afin de régler le passif (dettes) aux créanciers.

Droit commercial

158.

b. faux

Ces trois expressions ne sont pas synonymes et revêtent des significations juridiques et économiques distinctes.

L'entreprise est une notion exclusivement économique désignant un groupement de personnes réunissant des moyens matériels et humains en vue d'exercer une activité et de rechercher un profit sous la direction d'un entrepreneur exploitant à ses risques et périls : elle est personnifiée par une personne physique ou une personne morale, publique ou privée (par exemple, une société, une association, un établissement public à caractère industriel et commercial ; voir *infra*, QCM 194).

Une succursale est un lieu de commercialisation des produits ou des services d'une entreprise.

Une société est constituée par un acte unilatéral ou un contrat par lequel une ou plusieurs personnes mettent en commun des biens ou leur travail en vue de partager les bénéfices ou de profiter de l'économie qui pourra en résulter, tout en contribuant aux pertes.

159.

c. qui accomplit des actes de commerce à certaines conditions

Un individu est qualifié de commerçant lorsqu'il réunit les cinq conditions prévues par l'article L 121-2 du Code de commerce.

Il doit accomplir des actes de commerce à titre régulier, professionnel, à ses risques et périls en toute indépendance et dans l'intention d'en retirer un profit.

160.

b. un ensemble d'éléments d'attraction d'une clientèle

Le fonds de commerce, non défini par le législateur, est un ensemble d'éléments corporels (matériel) et incorporels (nom commercial...) permettant à l'exploitant commerçant, personne physique ou morale, d'attirer une clientèle. L'activité est exercée dans un local d'exploitation. Le fonds de commerce fait partie des biens meubles incorporels et ne doit pas être confondu avec le local d'exploitation, loué ou acquis, qualifié d'immeuble.

161.

a. une somme destinée à compenser le non-renouvellement du bail commercial

Une indemnité d'éviction est une somme versée au locataire par le bailleur d'un local à usage de fonds de commerce qui est destinée à compenser le préjudice subi par le locataire en cas de refus de renouvellement du bail des locaux.

La réfaction du prix est une réduction du prix de vente d'un bien par le juge, autorisée uniquement dans les ventes commerciales.

162.

c. un nombre minimal de personnes appelées à délibérer

Le quorum est le nombre minimal de personnes requis pour permettre à un organe collégial de délibérer.

Une fois le quorum acquis et constaté, le calcul des voix permet à l'organe collégial de prendre des décisions à la majorité requise.

163.

c. un titre négociable utilisé par un commerçant

Un effet de commerce est un titre négociable, cessible par des procédés simplifiés et utilisé par les commerçants pour faciliter les échanges.

Il en existe trois : la lettre de change ou traite, le billet à ordre et le chèque.

164.

b. constitue un effet de commerce

Parmi les effets de commerce, un billet à ordre est un titre par lequel le souscripteur s'oblige à payer à l'ordre d'une autre une certaine somme à la date prévue.

Le chèque est un autre effet de commerce par lequel un individu, le « tireur », donne l'ordre à un établissement de crédit, appelé « tiré », de payer à vue un certain montant à un tiers ou à son ordre en tant que tireur.

Dans le dernier cas, le tireur titulaire du compte bancaire peut effectuer un retrait d'argent en établissant un chèque à l'ordre de lui-même.

165.

b. non

Une société est une personne morale dont les associés mettent en commun des apports en vue de partager les bénéfices ou de profiter des économies réalisées et contribuent aux pertes (Art. 1832 C. civ.).

L'association est une personne morale distincte regroupant des individus mettant en commun leurs connaissances dans un but autre que le partage des bénéfices.

166.

c. un fonds de commerce

L'exercice d'une activité commerciale en vue d'attirer une clientèle constitue le fonds de commerce composé d'un ensemble d'éléments corporels et incorporels exploités par un commerçant.

L'entreprise est une notion économique non personnifiée en droit qui ne reconnaît que des personnes physiques ou morales susceptibles d'exercer une activité commerciale.

Enfin, la société est un acte pouvant donner naissance à une personne morale définie à l'article 1832 C. civ. (V. *supra*).

167.

a. d'une marque

Tous ces termes destinés à attirer la clientèle, ont chacun une signification juridique précise.

L'acte effectué par l'entrepreneur doit lui permettre d'être propriétaire d'une marque. Selon la définition légale, la marque est un signe distinctif susceptible de représentation graphique et attestant qu'un produit ou service provient d'une personne morale ou physique.

Après dépôt à l'Institut national de la propriété industrielle (INPI) la marque confère à son titulaire un droit de propriété sur le signe pendant une durée de dix ans, renouvelable.

Un brevet est un titre administratif délivré par l'INPI qui protège, à certaines conditions, une invention et qui confère à son titulaire, le breveté, un monopole d'exploitation durant vingt ans non renouvelables.

Une appellation d'origine contrôlée est l'indication de l'origine d'un produit permettant d'en déterminer la qualité en fonction de critères préétablis (par exemple, pruneaux d'Agen).

Un label est également un signe distinctif apposé sur un produit permettant de garantir la qualité du produit et attribué selon des critères fixés par un organisme professionnel indépendant.

168.

a. **d'une marque**
b. **d'un brevet**

La contrefaçon consiste à fabriquer, utiliser, commercialiser, importer ou détenir pour l'utiliser un produit breveté sans le consentement de son titulaire ; elle entraîne la responsabilité de son auteur.

169.

d. **une identification de société**

La dénomination sociale est un sigle permettant d'identifier une société personne morale à l'instar du nom commercial des commerçants personnes physiques. Le terme de « raison sociale » renfermant le nom d'un ou plusieurs associés a été supprimé mais est encore employé dans le langage courant.

170.

c. **des titres négociables représentant le capital d'une personne morale**

Les valeurs mobilières désignent l'ensemble des titres émis par les sociétés dotées d'un capital et faisant appel public à l'épargne. Elles sont négociables c'est-à-dire librement cessibles selon des formes simplifiées et permettent à leurs titulaires de détenir une fraction du capital de la société émettrice (par exemple actions, obligations, parts de fonds commun de placement...).

171.

d. une dissolution

À l'arrivée du terme fixé pour la durée de la société et à défaut de prorogation dans des conditions précises, la société fait l'objet d'une dissolution de plein droit, automatique ; cette dissolution marque la fin de la société et doit être publiée au Registre du commerce et des sociétés.

Elle entraîne la liquidation de la société, c'est-à-dire la vente des éléments d'actif de son patrimoine et le règlement des créanciers sociaux. Après clôture de la liquidation et publicité au Registre du commerce et des sociétés, les associés procèdent alors au partage de l'actif ou du passif net restant.

La dissolution doit être distinguée de la liquidation judiciaire qui est une procédure collective de règlement des créanciers lorsque la société est en état de cessation des paiements.

172.

b. entrepreneur

c. prestataire de services

Un entrepreneur ou prestataire de services est ainsi qualifié lorsqu'il exécute des travaux pour le compte d'une autre personne, appelée maître d'ouvrage, moyennent rémunération, à ses risques et périls et en toute indépendance.

Il se distingue du salarié qui exécute un travail pour le compte d'autrui moyennant rémunération mais sous la subordination de l'employeur lui donnant des instructions.

Un artisan effectue personnellement et essentiellement un travail manuel.

173.

c. doté des mêmes droits et obligations qu'une personne physique

Une personne morale est un groupement constitué par des personnes physiques et/ou morales et qui, par certaines formalités (publicité, immatriculation, selon le cas), est doté de la personnalité juridique lui conférant les mêmes droits et obligations qu'une personne physique.

174.

c. un organisme financier et bancaire défini par le Code monétaire et financier

Les établissements de crédit sont, au sens de l'article L 511-1 du Code monétaire et financier, des personnes morales qui effectuent à titre de profession habituelle des opérations de banque définies à l'article L 311-1 du même code : réception des fonds du public, mise à disposition de la clientèle ou gestion des moyens de paiement.

175.

b. la procédure de règlement collectif des créanciers

Le redressement judiciaire est une des procédures collectives de règlement du passif applicables aux personnes physiques exerçant une profession indépendante (civile ou commerciale) et aux personnes morales de droit privé exerçant une activité économique.

Droit international

176.

b. Cour de justice des Communautés européennes

Seule la Cour de justice des Communautés européennes est un organe juridictionnel, issu de l'Union européenne. Elle est compétente pour connaître en appel des recours formés contre les jugements du Tribunal de première instance et dans certains domaines qui lui sont réservés, de statuer en premier et dernier ressort.

La Cour internationale de justice est l'organe juridictionnel de l'Organisation des Nations unies (ONU) et se compose de 15 magistrats issus des différents États membres ; elle est saisie à la demande des États et émet des avis sur les problèmes de droit international.

La Cour européenne des droits de l'homme est une juridiction internationale créée par la Convention européenne des droits de l'homme du 4 novembre 1950, chargée depuis 1959 de vérifier le respect des droits fondamentaux par les États membres de la convention ; elle siège à Strasbourg.

Enfin, la Cour pénale internationale, juridiction permanente siégeant à La Haye, est compétente pour statuer sur les crimes de génocide, contre l'humanité, crimes de guerre commis par un individu à l'encontre d'un État membre.

177.

c. une association de personnes à vocation humanitaire

Une organisation non gouvernementale (ONG) est une

personne morale à statut d'association regroupant des membres de différents États ayant une finalité culturelle, humanitaire, politique (Croix-Rouge, Amnesty International, par exemple).

178.

c. un organe européen de défense des droits de l'homme

Le Conseil de l'Europe, qui siège à Strasbourg, est une organisation européenne créée entre plusieurs États en 1949 et visant à promouvoir la démocratie et les droits de l'homme. Il assure le contrôle du respect des droits de l'homme prévus par la Convention de sauvegarde des droits de l'homme et des libertés fondamentales.

179.

b. faux

Le statut d'une personne apatride se distingue du statut d'un individu réfugié.

L'apatride ne possède aucune nationalité alors que le réfugié est un individu de nationalité étrangère, persécuté dans son État, qui recherche la protection dans un pays d'accueil (convention de Genève du 28 juillet 1951).

180.

b. faux

La clause compromissoire, ou convention d'arbitrage, est un accord de volontés entre les parties ayant pour objet de soumettre leurs litiges éventuels à une juridiction privée appelée cour ou tribunal arbitral.

Elle se différencie du compromis d'arbitrage qui constitue un accord de volontés visant à soumettre à l'arbitrage les litiges déjà nés entre les contractants.

Droit social

181.

b. faux

Le contrat de travail doit être distingué du contrat de prestations de services ou contrat d'entreprise en raison de la situation respective du salarié et de l'entrepreneur.

Le contrat de travail oblige le salarié à exécuter une mission selon les instructions données par l'employeur, sous sa subordination et moyennant un salaire.

En revanche, aux termes du contrat d'entreprise ou de prestations de service, l'entrepreneur exécute une tâche pour le compte d'autrui en toute indépendance, à ses risques et périls et moyennant une rémunération.

182.

a. un arrêt temporaire d'activité

Lorsqu'il fait l'objet d'une suspension, le contrat de travail demeure effectif mais entraîne une interruption momentanée d'activité du salarié. Il produit à nouveau effet lors de la disparition de la cause de suspension. Tel est le cas de la suspension du contrat de travail d'un individu devenant dirigeant de société, pendant le temps de son mandat.

183.

c. un accord conclu entre l'employeur et les organisations syndicales

Une convention collective est un accord intervenu entre un employeur et une ou plusieurs organisations syndicales de salariés fixant les droits et obligations et les conditions d'emploi des salariés.

En revanche, le règlement intérieur est un écrit rédigé uniquement par l'employeur ou par les organes de décision au sein d'une personne morale et visant à préciser les règles en vigueur dans le groupement.

Enfin, les statuts d'un syndicat constituent le contrat engendrant le groupement syndical, doté de la personnalité morale et chargé de défendre les intérêts de la catégorie de salariés concernés.

184.

b. un salarié d'un syndicat désigné au sein d'une société et chargé de défendre les intérêts des adhérents

Un délégué syndical est un salarié désigné dans une entreprise à partir de certains critères et chargé de défendre au nom et pour le compte d'une organisation syndicale à laquelle il appartient, les droits des salariés membres du syndicat auprès de l'employeur.

Le comité d'entreprise est un autre organe représentatif du personnel composé du chef de l'entreprise concernée, de membres élus du personnel, qui est chargé de fournir des informations et des avis.

Le comité de groupe est une structure équivalente au précédent mais créée au niveau d'un groupe de sociétés constitué d'une société mère et de sociétés filiales, un tel comité constitue un « comité de groupe ».

185.

a. une rupture pour faute du contrat de travail
b. une rupture pour motif économique

Le licenciement d'un salarié met définitivement fin au contrat de travail, soit en cas de faute de celui-ci, soit en cas de difficulté économique de l'employeur.

En revanche, la suspension interrompt momentanément le contrat de travail uniquement jusqu'à la cessation de la cause de suspension sans y mettre fin définitivement.

Droit pénal

186.

c. des contraventions, délits et crimes

Les infractions pénales sont divisées en trois catégories selon la gravité de l'acte commis et sont assorties d'une peine variable (amende et/ou emprisonnement). Ce sont les contraventions, les crimes et les délits.

187.

c. une infraction punie d'une simple peine d'amende

Une contravention est l'infraction pénale la moins grave qui comporte elle-même cinq classes et qui est sanctionnée par une amende n'excédant pas 3 000 euros pour les personnes physiques et 15 000 euros pour les personnes morales, sans emprisonnement. Elle peut être encourue uniquement lorsque le Code pénal le prévoit.

En revanche, la violation d'une norme administrative donne uniquement lieu à une sanction civile.

188.

a. imputer la charge de la preuve des prétentions aux plaideurs

La procédure accusatoire laisse aux parties au litige le soin de rapporter la preuve des faits qu'elles allèguent ; le demandeur doit ainsi justifier ses prétentions et le défendeur ses moyens de défense. C'est la procédure utilisée dans le cadre d'une instance civile.

À l'inverse, l'instance pénale est soumise à la procédure dite « inquisitoire », qui autorise uniquement les juges à réunir les moyens de preuve des faits constitutifs de l'infraction pénale alléguée (enquête, expertise, instruction).

189.

c. un magistrat du siège chargé des affaires pénales

Intervenant devant les tribunaux répressifs, le juge d'instruction est un magistrat du siège et non du parquet, relevant du tribunal de grande instance, chargé d'instruire les affaires pénales susceptibles de constituer une infraction pénale (réunion des preuves, enquêtes, expertises).

Le juge de la mise en état est un magistrat du tribunal de grande instance ayant pour mission de préparer et de superviser la mise en état, c'est-à-dire la préparation des affaires en vue de l'accélération de l'audience civile (réunion des pièces et des conclusions des parties).

190.

a. demande une réparation civile à la juridiction répressive

Est appelée partie civile la personne ayant subi une atteinte constitutive d'une infraction pénale qui exerce une action en réparation de son préjudice devant les juridictions pénales. Le ministère public est saisi, soit par la partie civile, soit de sa propre initiative.

191.

a. une soustraction frauduleuse de la chose d'autrui prêtée

Un abus de confiance est un délit pénal qui consiste pour un individu détenant temporairement des fonds ou des biens quelconques, à les détourner au détriment d'une autre personne (Art. L 314-1 C. pén.).

Il se distingue du dol qui, au sens du droit civil, est une manœuvre positive ou négative visant à obtenir le consentement d'une partie qui, si elle avait connu l'existence du dol, n'aurait pas contracté ou aurait contracté à des conditions différentes. Le contrat entaché de dol encourt la nullité relative qui l'anéantit rétroactivement.

192.

b. non

Bien que les termes d'amende et de contravention soient souvent amalgamés dans le langage usuel, ils revêtent chacun un sens spécifique.

L'amende est une peine consécutive à une contravention ou un délit et consiste en une sanction pécuniaire prononcée par une juridiction répressive dont le montant doit être versé par son auteur au Trésor public (Art. L 131- 1 C. pén.).

Une contravention est une infraction pénale qui peut être sanctionnée par la condamnation exclusive à une amende.

193.

c. **à un délit sanctionnant les actes frauduleux d'un dirigeant de personne morale**

La banqueroute est un délit commis par une personne physique ou une personne morale ayant une activité économique, en raison des actes frauduleux commis avant ou après la cessation des paiements du groupement et portant sur l'objet social ou la comptabilité.

Le dépôt de bilan est une expression générique désignant l'état de cessation des paiements d'une personne morale de droit privé qui ne peut plus honorer son passif exigible avec son actif disponible.

Enfin, la faillite personnelle est une sanction propre à un dirigeant comme la banqueroute mais dont la cause et les conséquences diffèrent.

Droit public

194.

b. non

Un EPIC (établissement public à caractère industriel et commercial) se distingue d'un SPIC (service public industriel et commercial) en dépit des ressemblances terminologiques.

Un EPIC est un groupement doté de la personnalité morale qui gère un service public, ayant une compétence déterminée et qui est soumis à la plupart des règles commerciales.

Un SPIC est une activité, un service de l'État exploité dans les mêmes conditions qu'une personne morale de droit privé et financé par les redevances des usagers (par exemple, une buvette municipale).

195.

c. répartir les différents services de l'État

La déconcentration, relevant du droit administratif, est une opération consistant à répartir les services de l'État par l'État lui-même. C'est le pouvoir central qui décide de l'affectation de ses fonctionnaires sur le territoire national, sous la dépendance étatique.

Elle ne se confond pas avec la décentralisation. Celle-ci est une modalité de gestion du pouvoir administratif par la création des nouvelles personnes morales publiques et non par la simple affectation d'agents du pouvoir central sur le territoire français. (par exemple, les collectivités territoriales).

196.

c. une société constituée par des associés personnes privées et publiques

Une société d'économie mixte est une société anonyme dont le capital est détenu par des personnes morales publiques et privées.

Son activité n'est pas exploitée en « régie » ; le terme « régie » désigne un système de gestion d'un service public. Un service public est une activité ayant des modalités d'organisation et de fonctionnement propres au droit public ou au droit privé.

197.

b. un établissement public

En dépit de son appellation trompeuse, la Régie autonome des transports parisiens n'est pas une régie au sens du droit public.

C'est un établissement public, c'est-à-dire une personne morale de droit public spécialisée dans un secteur d'activité.

198.

c. exploité selon les règles du droit privé

Un SPIC désigne une activité gérée selon les mêmes modalités qu'une personne morale privée et exerçant une activité relevant du droit privé.

Il se distingue d'un service public administratif géré selon les modalités d'organisation et de gestion de l'Administration, financé par les impôts et dont l'objet relève du droit public.

199.

c. une prérogative de puissance publique

Le fait du prince est une prérogative de puissance publique conférant à l'Administration le pouvoir de modifier un contrat de manière unilatérale, ce qui est proscrit dans un contrat privé. Cette prérogative permet à l'Administration d'adapter le contrat aux exigences du service public, sous réserve du versement d'une indemnité du cocontractant.

Le fait du prince ne saurait être assimilé à la force majeure ou à une voie de fait. La voie de fait est une atteinte sérieuse de l'Administration à l'ensemble de la propriété privée ou aux libertés fondamentales (par exemple, une entreprise qui effectue des travaux pour une administration causant un dommage à un propriétaire voisin).

200.

b. un contrat administratif

Un marché public est un contrat administratif conclu entre une entreprise publique et une entreprise privée qui s'engage à fournir des services ou des biens à la personne publique moyennant rémunération.

La passation des marchés publics est réglementée et ne permet pas notamment à l'Administration de choisir son cocontractant.

Dans les contrats d'entreprise, un marché à forfait est une modalité de fixation du prix de certains contrats d'entreprise portant sur des immeubles comportant une rémunération ferme et définitive de la prestation de l'entrepreneur.

Bibliographie

R. CABRILLAC (sous la direction de), *Dictionnaire du vocabulaire juridique*, Litec, coll. « Objectif droit », 2e éd., 2004.

G. CORNU, *Vocabulaire juridique*, PUF, 7e éd., 2005.

P. COURBE, *Introduction générale au droit*, Dalloz, coll. « Mémentos », 9e éd., 2005.

S. GUINCHARD (sous la direction de), *Lexique des termes juridiques*, Dalloz, 15e éd., 2005.

G. LEGIER, *Les obligations. Droit civil*, Dalloz, coll. « Mémentos », 18e éd., 2005.

P. NICOLEAU, *Dicojuris, Lexique de droit privé*, Ellipses, 1998.

A. NIZOU-LESAFFRE, *Dictionnaire des termes juridiques*, De Vecchi, 2001.

H. ROLAND et L. BOYER, *Adages et Locutions latines du droit français*, Litec, 2002.

Table des matières

Aubin Imprimeur
LIGUGÉ, POITIERS

Achevé d'imprimer en août 2006
N° d'impression L 70235
Dépôt légal, août 2006
Imprimé en France

DATE DE RETOUR

14 JAN. 2008		
19 NOV. 2008		
12 JAN. 2009		
- 6 JAN. 2010		
- 6 JAN. 2014		
14 OCT. 2021		
2/2/2022		

FILMOLUX